피아노를 ( ) 쳤더니 잘 치게 되었다.

요가를 ( ) 했더니 몸에 변화가 생겼다.

글을 ( ) 썼을 뿐인데, 나도 모르게 작가가 되어버렸다.

이 괄호를 채울 수 있는 형용사는 무엇일까?

'열심히'? '즐겁게'? '땀나게'?

아니다. 이 모든 단어로도 부족하다.

유일하게 어울리는 표현은 단 하나, 바로 "꾸준히"다.

아직 무언가를 꾸준히 해본 적이 없다면,

'내 취미는 꾸준함'이라고 말하는 작가의 삶을 들여다보자.

어떤 마법에 걸렸길래

25년간 조깅하고, 22년간 일기를 쓰고,

20년간 사진전을 열고, 15년간 닌텐도를 하고,

13년간 낫토를 먹으며, 7년째 블로그를 쓸 수 있었을까?

그 꾸준함은 작가의 삶을 어떻게 바꿔 놓았을까?

무엇 하나 끝까지 해내본 적이 없는 분들께 이 책을 추천한다.

작가가 실천해 온 26가지 루틴 중에서

당신에게 꼭 맞는 한 조각을 발견할지도 모르기 때문이다.

이동수(무빙워터), 《언젠간 잘리고, 회사는 망하고, 우리는 죽는다!》 저자

"어쩜 하루에 그렇게 많은 일을 할 수 있죠?" 자주 듣는 질문이다.
그런데 이 질문을 나만큼이나 많이 받는 또 한 사람이 있다.
바로 일본의 이노우에 신파치다. 매일 조깅 25년, 일기 쓰기 22년,
블로그 글쓰기 9년, 춤 연습 3년, 책 한 권 읽기 3년… 그는
사소하지만 결코 쉽지 않은 반복의 힘을 스스로 증명해 냈다.
놀라운 점은, 내가 재능이라 믿었던 이 꾸준함을 그는
'기술'이라고 부른다는 것이다. 작은 행동을 시작하고, 이를 지속
가능한 구조로 설계해 습관으로 만드는 기술. 꾸준함의 기술은
그가 직접 실험하고 검증한 비결을 통해, 작심삼일과 미루기의
악순환에서 벗어나게 해주는 구체적이고 실용적인 방법을
제시한다.
나 역시 이 책 덕분에 꾸준함이라는 무기를 한층 더 단단히 갈고
닦을 수 있었다. 시간과 성실함이 만들어 내는 위대한 결과를
알고 싶다면, 이노우에 신파치의 이야기를 꼭 만나보라. 꾸준함을
재능이라 치부하며 미루는 당신의 일상이 완전히 바뀔 것이다.

이승희(송), 《기록의 쓸모》, 《질문 있는 사람》 저자 · 브랜드 마케터

꾸준함의
기술

Discover

「やりたいこと」も「やるべきこと」も全部できる! 続ける思考
「YARITAIKOTO」 MO 「YARUBEKIKOTO」 MO ZENBUDEKIRU! TSUZUKERU SHIKO

Copyright ⓒ 2023 by Shimpachi Inoue
Original Japanese edition published by Discover 21, Inc., Tokyo, Japan
Korean edition published by arrangement with Discover 21, Inc., Tokyo, Japan

최소 노력으로 삶에 윤기를 더하는

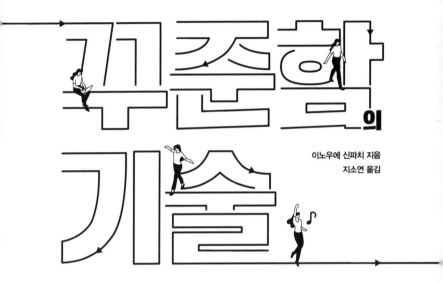

꾸준함의 기술

이노우에 신파치 지음

지소연 옮김

RHK
알에이치코리아

무엇 하나

'꾸준히' 하지 못하는

당신에게

이 책을 통해 전하고 싶은 이야기는 이것이다.

'꾸준히 하기'란 괴롭다.

'꾸준히 하기'란 어렵다.

'꾸준히 하기'란 귀찮다.

그런 오해를 풀고 싶다.

'꾸준히 하기'란 즐겁다.

'꾸준히 하기'란 쉽다.

'꾸준히 하기'란 취미가 된다.

그리고 '꾸준히 하면' 사람이 변화한다.

전하고 싶은 말은 오직 이것뿐이다.

무언가를 꾸준히 계속하면 사람은 서서히 변화한다.

처음엔 눈에 보이지 않는 작은 변화일지라도

오래도록 지속하면 커다란 변화가 된다.

'꾸준히 하는 것'은

'변화하는 것'이기도 하다.

나는 원래 게으르고 무슨 일을 하든

그리 오래가지 않는 사람이었다.

재능도 없고 요령도 없고 끈기도 없었다.

그런 내가 아무런 대책도 없이

프리랜서 디자이너의 길로 들어섰다.

뭐든 스스로 행동하지 않으면

돈이 들어오지 않는 생활이 시작되었다.

알아서 일거리를 따내고

업무와 사생활의 균형도 스스로 생각해야만 했다.

끈기 있게 꾸준히 하기란 어려운 일이라고

한탄할 때가 아니었다.

'꾸준히 하지 못하다'란 곧 '먹고살지 못하다'로 이어지니까.

일과 일 이외의 것을 어떻게 해야

꾸준히 지속할 수 있을지,

어떻게 해야 무리 없이 지속할 수 있을지,

20년 넘게 실험과 검증을 거듭하며

진지하게 고민해 왔다.

그렇게 다다른 해답은

모든 일을 '습관화'하는 것이었다.

꾸준히 하기 위해 하루하루의 습관을

철저히 디자인해 보았다.

습관을 디자인하며 깨달은 사실은

'꾸준히 하기'란 의외로 간단하다는 점이었다.

방법만 알면 꾸준함은 저절로 손에 들어온다.

꾸준함을 얻기 위한 비결을 분석하고

다시 간결하게 정리해서

작은 것부터 달성해 나가는 '구조'를 만들었다.

그렇게 날마다 작은 일을 이루어 나가는 사이
뭐든 도중에 내팽개쳤던 내가 180도로 달라졌다.

'꾸준히' 하다 보니
어느새 '끝까지 해내는 사람'이 되었다.

그리고,
무언가를 '꾸준히' 하면
좋아하는 일이 점점 많아진다는 것도 깨달았다.

꾸준히 해보니
원래 끔찍이도 싫어했던 청소를 좋아하게 되었다.
엄청난 충격이었다.

게다가,

'꾸준히' 하자 인생의 즐거움이 늘어났다.

매일 5분씩 춤 연습을 시작했더니

삶에 춤추는 즐거움이 더해졌다.

매일 조금씩 만화를 읽기 시작했더니

어느덧 손에서 놓아버렸던 만화를 읽는 즐거움이

다시 찾아왔다.

'꾸준히' 하자,

지난날 내가 좋아했던 것들을 되찾을 수 있었다.

'꾸준히' 하자,

나도 모르는 사이에 나의 모습이 달라졌다.

이것이 꾸준히 하기의 힘이다.

그리고 한 가지 더 깨달은 점이 있다.

나에게…

꾸준히 하는 것은 취미다.

어느 날 나는 깨달았다.

나의 취미는 '꾸준히 하는 것'.

2022년 11월 22일 12시 37분.

결코 잊지 못할 기억이다.

왜 시간까지 정확히 기억하고 있을까.

메모를 꾸준히 하기 때문이다.

평소 깨달은 점이 있을 때면 메모장에 적는다.

그러다 문득 알아차렸다.

나는 '꾸준히 하기'를 '좋아한다'는 사실을.

그날 깨달았다.

그렇다.

꾸준히 하는 것은 정말 즐거운 일이다.

'꾸준히 하는 방법'을

궁리하는 것이 너무나 즐겁다.

그 어떤 일보다도 즐겁다.

무언가를 시작할 때, 먼저 이런 생각을 한다.

'어떻게 하면 오래 지속할 수 있을까?'

그렇게 생각하는 버릇이 생겼다.

처음엔 꾸준히 이어가기 쉽지 않다.

시행착오를 거치며 여러 방법을 궁리한다.

그러다 보면 어느덧 계속하게 된다.

그런 나를 발견하게 된다. 그것은 몹시 기쁜 일이다.

꾸준히 하기에는 게임 같은 면이 있다.

매일 완수해야 할 퀘스트가 있고

임무를 하나하나 달성해 나간다.

게임처럼 만들면

꾸준히 하기가 좀 더 재미있어진다.

기록도 남긴다.

끈기 있게 지속한 내용을 기록해 둔다.

기록을 통해 내가 계속해 온 것이

컬렉션이 된다.

그렇게 하나하나 수집하는 일이 몹시 즐거워졌다.

'나는 어떤 일이든 꾸준히 하지 못한다.'
이런 생각은 사실 착각일지도 모른다.

꾸준히 하기는 어렵지 않다.

그리고 그저 꾸준히 하기만 해도,
자신도 세상도 모두 바꿀 수 있을지 모른다.
'꾸준함'에는 그만한 힘이 숨어 있다.

이 책을 읽고 나면 모두가 그 가능성을 느낄 수 있을 것이다.

그리고 책을 덮은 뒤 이런 기분을 느낀다면

더할 나위 없이 좋을 것이다.

"뭔가 시작해 보고 싶어!"

"진짜 꾸준히 해보고 싶어!"

자, 그럼

'늘 작심삼일이었던 나'를 바꾸러 가자!

꾸준함의 기술

나의 본업은 프리랜서 디자이너다.

평소에는 주로 책을 디자인한다.

일은 독학으로 시작했다. 학생 시절 심심풀이로 시작했던 일이 어느덧 직업이 되었다. 어쩌다 보니 재미있어서 '꾸준히' 한 결과가 직업이 된 것이다.

혼자 공부해서 일을 시작한 뒤 20년이 넘는 세월 동안 프리랜서로 혼자 일했다.

어시스턴트도 없이 완전히 혼자서 일하는 개인 사업 디자이너다.

많을 때는 1년에 책을 200권 정도 디자인한다.

솔직히 말해 눈코 뜰 새 없이 바쁘다.

상상을 초월할 만큼 정신없이 바쁜 나날이다.

늘 일이 40가지 이상 동시에 진행된다.

업무 메일 주고받기, 일정 관리, 진행 상황 조율, 회의, 디자인, 세세한 디자인 수정 작업, 데이터 입고, 종이 고르기, 색교정 확인, 청구서 발송 등 책 한 권을 만드는 데만 산더미 같은 작업이 필요하다. 그 밖에도 입금 확인, 영수증 정리, 이런저런 잡일 등 할 일이 무수히 많다. 그 모든 일을 혼자 처리한다. 다른 사람에게 맡기는 일이라고는 회계와 세무뿐이다.

솔직히 말해 절대 깰 수 없는 게임 같지만, 의외로 어찌어찌 굴러간다.

어찌어찌 굴러갈 뿐만 아니라 영화를 하루에 한 편 이상 보고 책도 한 권씩 읽는 데다 텔레비전에서 방영 중인 심야 애니메이션은 거의 모두 본다. 드라마도 보고 만화책도 읽고 게임도 한다. 거기다 근력 운동에 춤에 조깅에 운동도 매일 빼먹지 않으며 술도 잔뜩 마시니 생각보다 알찬 생활을 보내고 있다.

모두 하루 '습관'을 철저하게 디자인한 결과다.

모든 일을 무리 없이 지속할 수 있도록 하루를 철저하게 디자인했다.

수없이 많은 '하고 싶은 일'과 '해야 하는 일'을 계속할 수 있는 구조를 20년에 걸쳐 만들었다.

저절로 지속하게 되는 '구조'를 고안했다.

계기는 일이 감당할 수 없이 바빠져서였다.

종일 일만 하다가 눈 깜짝할 사이에 하루가 끝나버렸다.

할 일을 하나하나 깊이 생각하고 처리하다가는 끝이 없을 지경이었다.

일 이외의 생활도 제대로 꾸려나갈 수 있는 '구조'를 만들면 어떨까 하는 생각이 들었다.

처음에는 좀처럼 마음대로 되지 않았다.

그래도 '해야 하는 일'과 '하고 싶은 일'을 어떻게 하면 무리 없이 모두 해낼 수 있을지 실험과 검증을 거듭하며 조금씩 고치고 또 고쳤다.

그렇게 20년이 지나고 보니 어느덧 모든 일이 순조롭게 돌아가고 있었다.

"어쩜 하루에 그렇게 많은 일을 할 수 있죠?"

그런 질문을 자주 받았다.

나의 일상을 취재한 기사가 인터넷에서 많은 관심을 받게 되었다.

신기했다. 나로서는 그리 특별한 일을 하고 있다고 생각하지는 않았기 때문이다.

하루하루 다양한 일을 한결같이 계속한다.

작은 것부터 큰 것까지 매일 꾸준히 쌓아 올린다.

이제는 힘들거나 귀찮다고 생각하지도 않는다.

처음 시작했을 때는 조금 어려웠던 일도 몇 년씩 이어나가면 어느덧 강하게 의식하지 않아도 계속하게 된다.

그렇게 이끄는 '구조'를 만들었기 때문이다.

나는 꾸준히 쌓아 올린 것들 위에 새로운 인생이 열린다고 생각한다.

꾸준히 지속해 온 작은 일들이 이어지고 이어져 언젠가 커다란 변화를 낳는다는 사실을 지난 20년간 피부로 느꼈다.

인생에 혁명을 불러일으키는 것은 타고난 재능도, 놀라운 발명이나 천재적인 아이디어도 아니라 나날이 거듭해 온 작은 행동이다.

눈에 보이지 않는 작은 변화를 거듭하면 언젠가 전혀 다른 자신이 되었음을 깨닫는 순간이 찾아온다.

그것이 '꾸준함'의 힘이다.

그 풍경을 모두가 몸소 느끼기를 바란다.

그래서 이 책을 썼다.

이제, 20년에 걸친 실험의 성과를 빠짐없이 전하려 한다.

Chapter 6

꾸준히 하며 발견한 것들

Chapter 0

꾸준함은

취미다

한동안 나에게 '특별한 것'이 무엇인지 모른 채 살아왔다.
영화를 좋아하고 게임을 좋아하며 만화도 애니메이션도 드
라마도 좋아한다. 좋아하는 것은 많지만, '이게 없으면 안 된
다' 싶을 만큼 특별한 것은 도무지 찾을 수 없었다.

내가 가장 몰두하는 일.
이것만은 누구보다 깊이 몰두하고 있다고 당당하게 말할 수
있는 일.
나에게 그런 일이 있는지 늘 생각했다.

어느 날 갑자기 어떤 말 한마디가 떠올랐다.

"취미는 꾸준히 하는 것."

"꾸준함은 나의 취미다."

그 말이 불현듯 번개처럼 떠올랐다.

그래, 이거였구나!

내가 '특별하게' 여기는 것.

온 힘을 쏟고 있다고 진심으로 말할 수 있는 것.

내게 그것은 '꾸준함'이었다.

내가 가장 깊이 몰두하고 있는 일.

그것은 '꾸준히 하는 것'이다.

'꾸준함'은 취미다.

그 사실을 깨달은 순간, 머리에 찌르르 전류가 흘렀다.

마치 시간이 멈춘 듯했다.

그래서 정확한 시간도 적어두었다.

2022년 11월 22일 12시 37분, 화요일이었다.

이 깨달음에 대체 어떤 의미가 있는지 그 주 주말 동안 곰곰이 생각했다.

내가 꾸준히 하는 것 중에 '노트note'라는 블로그 플랫폼이 있다. 일주일에 한 번씩 그 주에 떠오른 생각이나 아이디어를 글로 써놓는다.

매주 남기는 글은 그때그때 느낀 감정을 있는 그대로 냉동 보존하는 일종의 장치다.

그때 쓴 '노트'의 내용 가운데 일부를 소개한다.

일을 하다 갑자기, 불현듯 머릿속에 어떤 말이 떠올랐다.

취미는 꾸준히 하는 것.

그 말이 번개처럼 눈앞에 나타난 순간, 등줄기를 타고 찌르르 전류가 흘렀다.

아마 헬렌 켈러가 '물water'이라는 말을 처음 알았을 때도 이런 기분이지 않았을까.

적어도 내게는 그 정도로 어마어마한 충격이었다.

시간도 적어두어야겠다.

2022년 11월 22일 12시 37분.

나에게 특별한 것이 무엇인지 발견한 순간.

이를테면 아침 습관이 있다.

구체적으로 세어보지는 않았지만, 자잘한 일들까지 포함하면 엄청나게 많은 수의 루틴을 매일 반복한다.

우선 일어나서 가장 먼저 하는 일.

아침에 일어나면 먼저 하늘 사진을 찍어서 인스타그램에 올린다.

그다음 두 손을 모으고 오늘 하루에 감사하며 심호흡을 한다. 그리고 스트레칭.

이렇게 다양한 일들을 계속 이어나간다.

청소도 매일 아침 한다. 2년 가까이 꾸준히 하고 있다.

바쁠 때도 청소는 꼭 한다.

조깅도 25년째 아침마다 거르지 않고 한다.

매일 아침 한 권씩 책도 읽는다.

최근에는 매일 아침 만화책도 읽기 시작했다.

춤 연습도 하고 근력 운동도 한다.

시간을 이리저리 조절하며 가짓수를 점점 늘리고 있다.

왜 그렇게 많은 일을 하냐는 질문을 자주 받는다.

"글쎄요, 왜일까요?" 하며 웃으며 얼버무린다.

솔직히 말해 스스로도 왜 이렇게 많은 습관을 가지고 있는지 잘 알지 못한다.

이유를 모르니 대충 얼버무리는 수밖에 없다.

왠지 똑똑한 척하는 것 같아서 내가 보기에도 좀 밥맛없게 느껴진다.

청소도 독서도 조깅도 근력 운동도 별다른 이유가 있어서 하는 건 아니다.

그래서 왜 이런 일을 매일 하는지 스스로도 제대로 된 답을 찾을 수 없었다.

그런데 이제 깨달았다. 아주 단순한 이유였다.

'꾸준히 하는 일' 자체를 좋아해서였다.

꾸준히 하기 위해 다양한 방법을 궁리하는 것도 습관을 하나하나 늘리는 것도 모두 취미였음을 깨달았다.

"취미는 꾸준히 하는 것."

이 말이 눈앞에 나타난 순간, 정말 세상이 벌컥 뒤집혔다.

나에게 그것은 나무에서 떨어지는 사과를 본 뉴턴만큼 크나큰 충격이었다.

'꾸준히 하는 것'이 '즐겁다'는 깨달음.
다른 사람이 보기에는 지극히 사소하고 아무래도 상관없는 작은 깨달음이다.
하지만 내게는 인생을 바꿀 만큼 중요한 발견이었다.
자칫 놓치기 쉬운 깨달음을 손에 쥘 수 있었던 이유는 내가 꾸준히 생각을 말로 표현해 왔기 때문이다. 오래도록 지속해 왔기에 발견한 깨달음이었다.

왜 '꾸준히 하는 것'이 즐거운지, 그곳에 대체 무엇이 있는지.

우선은 조금 더 파헤쳐 보려 한다.

내가 평소 꾸준히 하는 일들을 대강 항목별로 간단히 적어
보았다(2023년 10월 기준).

- 조깅 25년(비 오는 날 이외에는 기본적으로 매일)

- 손 글씨로 일기 쓰기 22년(거르지 않고 매일)

- 사진전 개최 20년(1년에 한 번)

- 닌텐도 위핏Wii Fit으로 체중 측정, 팔 굽혀 펴기, 복근 운동 15년

  (2007년 게임이 발매된 날부터 집을 비우는 날 이외에는 매일)

- 요구르트와 낫토 먹기 13년(매일 아침 영양 보충용, 낫토는 10년째)

- 게임 〈드래곤 퀘스트 X〉 11년(발매된 날부터 매일)

- '하테나 블로그'(일본의 블로그 서비스 중 하나—옮긴이)에 사진 업로 드와 영화 리뷰 작성 7년 10개월(2016년 1월부터 매일)

- 고강도 인터벌 트레이닝HIIT으로 4분간 고강도 근력 운동 6년 반(편집자에게 관련 책을 받은 뒤로 매일)

- 트레이닝 기기 식스패드SIXPAD로 복근 단련 6년 반(구입 후 매일)

- 기획 고민하기 5년(매일 아침 최소 한 가지씩)

- 체온 측정 3년 반(매일 아침 기상 후)

- 게임 〈모여봐요 동물의 숲〉 3년 반(발매된 날부터 매일)

- '노트' 블로그 3년 반(매주 한 번 업로드)

- 인스타그램에 아침 하늘 사진 올리기 3년(매일 아침)

- 5분 명상 3년(매일 아침)

- 드라마나 애니메이션에 등장하는 가상의 책 수집 3년(발견할 때 마다 메모)

- 춤 연습 2년 10개월(매일 아침 5분)

- 하루 한 권 책 읽기 2년 8개월(2021년 2월부터 거르지 않고 매일)

- 청소 2년 반(요일마다 장소를 바꿔가며 매일 청소)

- 스트레칭 2년 반(매일 아침 기상 후)

- X(구 트위터)에 독서 메모 업로드 2년 반(독서 기록)

- 게임 신작 플레이 2년 반(매일 아침 15분, 주로 플레이스테이션5)

- 아침에 먹은 낫토 기록 2년(어떤 낫토를 먹었는지 메모)
- 만화책 읽기 1년 2개월(하루 한 화씩 반드시)
- 아침 기온 알아맞히기 1년(매일 아침)
- 시집 읽기, 시 짓기 반년(매일 아침 빼먹지 않고 시 쓰기)

대강 짚어보면 이 정도지만, 자세히 들여다보면 사실 이보다 훨씬 많다. 예를 들면 스마트폰 게임이 있다. 다섯 가지 정도 되는 게임을 매일 빠뜨리지 않고 한다. 날마다 로그인해서 정해진 임무를 완수한다.

거의 매일 영화관에도 간다. 많을 때는 1년에 300편, 적을 때도 200편 정도를 극장에서 관람한다.

어린 시절부터 텔레비전에서 방영하는 애니메이션은 거의 모두 챙겨 본 데다 프리랜서로 일하기 시작한 뒤로는 공중파 드라마도 거의 모두 시청했다.

한결같이 계속하는 일 중 가장 중요한 것은 역시 디자인이다. 매일 무언가를 디자인한다.

일이라고 하면 그런가 보다 하겠지만, 매년 책을 200권 디자인한다는 건 날마다 거의 한 권씩 디자인한다는 뜻이 된다. 보통 책 한 권에 디자인 시안을 열 가지는 생각하니 1년에 디자인 시안을 2,000개쯤 구상하는 셈이다.

업무가 너무 다양하기 때문에 일을 할 때는 할 일을 세세하게 정해둔다. 그리고 자잘한 잡일까지 포함해서 그날 안에 모두 처리한다. 그런 과정을 매일 반복한다. 그런 의미에서는 '업무와 관련된 잡일'도 매일 거르지 않고 꾸준히 하는 일 중 하나라 할 수 있다.

샤워를 한 뒤 두피 마사지를 하며 혀 체조를 하는 아주 사소한 습관도 있다.

이처럼 하나도 빠뜨리지 않고 매일 다양한 일을 꾸준히 하고 있다.

20년에 걸쳐 수많은 '하고 싶은 일'과 '해야 하는 일'을 계속할 수 있는 구조를 만들어 왔다. 무엇보다 자동으로, 저절로 '꾸준히 이어가는 구조'를 만드는 데 초점을 맞추었다.

골드버그 장치(만화가 루브 골드버그가 고안한 장치로, 연쇄 반응을 일으키며 작동하는 기계를 가리킨다-옮긴이)처럼 차례차례 연속으로 다양한 과제를 자동으로 처리하며 마치 각각의 스테이지를 클리어하는 게임처럼 하루하루를 보내고 있다.

이 책을 집필하는 일도 매일 반드시 지키는 아침 습관 중 하나로 삼았다.

시간을 따로 길게 내기가 어려우니 매일 아침 조금씩 원고를 쓰기로 했다. 지금도 그 시간을 이용해 쓰고 있다.

상식적으로 생각하면 책을 쓸 시간은 도저히 낼 수가 없다. 하지만 매일 조금씩 하면 언젠가 반드시 끝나기 마련이다. 많은 일을 꾸준히 계속하며 그 사실을 실감했다.

그러니 매일 조금씩 이어나가면 틀림없이 책도 완성될 것이다. 그런 마음가짐으로 오늘도 시나브로 쌓아가는 중이다.

'꾸준히 하기'의 즐거움

꾸준히 하면 어떤 점이 즐거운가.

간단하게 정리하자면 세 가지가 있다.

1. 꾸준히 하는 '구조'를 구상하는 과정이 즐겁다.
2. 꾸준히 하는 일을 '수집'하는 것이 즐겁다.
3. 꾸준함으로 자신이 '변화'하는 것이 즐겁다.

무언가를 꾸준히 할 때 가장 재미있는 점은 사실 이 부분인 듯하다.

바로 '구조'를 궁리하는 것. 즉, 어떻게 하면 오래도록 꾸준히 지속될지 생각하는 것이다.

뭔가 새로운 일을 시작하려 할 때는 늘 '어떻게 하면 무리하지 않고 오래 계속할 수 있을지'를 고민한다.

자기 나름대로 방법을 생각해서 생활 속에 반영한다. 그리고 실제로 해보면서 지속하는 방법을 궁리한다.

이렇게 구조를 구상하는 작업이 무척 즐겁다.

방법을 생각한 다음 게임처럼 하나하나 클리어해 나가는 느낌이라고 할까.

하루하루를 작은 성취를 쌓아가는 게임으로 만드는 것이다.

'구조'로 게임을 디자인하고 실제로 플레이해서 클리어하고.

작은 퀘스트를 깨서 작은 성취를 쌓아 올리고.

하루하루가 그야말로 게임이 되는 사고방식이다.

꾸준히 하는 일을 '수집'하는 것이 즐겁다

꾸준히 하기를 훨씬 더 즐겁게 만드는 것이 바로 '기록'이다.

기록을 남기면 내가 계속해 온 일이 또렷한 모양을 띠기 시작한다.

기록은 한마디로 '꾸준함'을 눈에 보이게 드러내는 행위다.

내가 한 일에 점수를 매기고 목표를 달성하여 성과를 남기는 것이다.

득점이 높아지면 기분이 좋아지고, 기록하면 성취감이 든다.

따라서 무언가를 해냈을 때는 반드시 체크해 둔다. 그렇게 달력이 차츰차츰 가득 찬다.

빈칸을 채워 나가는 즐거움은 각별하다.

'꾸준함'은 '기록'에 의해 멋진 컬렉션이 된다.

그리고 자신의 취미가 된다.

꾸준함으로 자신이 '변화'하는 것이 즐겁다

꾸준함으로 얻을 수 있는 가장 큰 기쁨은 바로 이것이다.

무언가를 끊임없이 반복하면 사람은 틀림없이 변화한다.

연습하면 실력이 좋아진다. 야구든 골프든 게임이든 성과가
눈에 보이게 나타난다.

하지만 그리 중요하지도 그리 쓸모 있어 보이지도 않는 일
일지라도 꾸준히 하면 그 사람에게 변화를 가져다준다.

무언가를 계속하면 눈에 잘 보이지 않는 작은 변화가 일어
난다. 보잘것없고 별것 아닌 듯 보이는 작은 변화가 어느새
커다란 변화로 자라난다.

언젠가 변화를 실감하는 날이 온다. 그 사실을 깨달은 순간
의 감동. 그것이 꾸준함으로 얻을 수 있는 가장 큰 상이다.

내가 생각하는 '꾸준함'의 매력이 잘 전해졌을까?

다음 챕터에서는 '꾸준히 하기'를 즐겁고 쉽게 만들어 주는
사고방식에 대해 이야기 나누려 한다.

Chapter 1

꾸준히 하기,

별거 아니다

'제대로 된 노력'을 그만두기

먼저 무언가를 꾸준히 하고자 할 때 필요한 새로운 마음가 짐을 제안하고 싶다.

바로 '제대로 된 노력'을 그만두는 것이다.

사람들은 어떤 일을 새로 시작할 때 대부분 효율적으로, 올바른 방법으로 시도하고 싶어 한다.

이왕이면 잘하고 싶다, 능력을 높여서 큰 성과를 내고 싶다, 그런 마음이 바탕에 깔려 있다.

'더 나아지고 싶다, 더 잘하고 싶다.'

물론 아주 옳은 생각이라고 본다.

다만 '성과'를 먼저 바라면, 결과가 전부가 되어버린다.
시작한 순간부터 모든 것이 '수련'이나 '수행'이 되어버리는
것이다.
갑자기 아주 힘들게 느껴지지 않는가.
'수련', '수행', '연습'….
왠지 모르게 전부 어렵고 귀찮게 느껴지는 것은 나 혼자만
이 아닐 것이다.

사실 이것은 꾸준히 하기를 괴로운 일로 바꿔버리는 중대한
요인이 아닐까 싶다.

처음에는 점점 실력이 좋아지는 것을 실감할 수 있다.
그래서 기꺼이 해낸다. 눈에 보이는 성과가 기쁘고 즐거우
니까. 하지만 점점 기세가 줄어든다. 생각만큼 솜씨가 늘지
않는다.
'나는 여기까지인가?' 불쑥 그런 생각이 든다. 급격히 재미가
없어진다.

사람들은 좋은 성과를 내려면 '제대로 된 노력'이 필요하다고 말한다.

또렷한 목표를 정하고 제대로 성과를 내는 노력 말이다.

"제대로 된 노력을 하지 않으면 의미가 없어."

정말 그럴까?

'잘못된 노력'을 하고 나면 아무것도 안 남을까?

그럴 리 없다.

원하는 대로 결과가 나오지 않아도 상관없다.

꾸준히 하면 반드시 어떤 '변화'가 일어난다.

그 사실을 믿고 우선은 그저 한결같이 무언가를 계속하면 된다.

더 좋은 실력, 더 나은 성과를 우선시하는 생각은 접어두어도 괜찮지 않을까?

'제대로 된 노력'이라는 사고방식을 버리고 우선은 '그저 계속하기'만 생각하자.

한마디로 '제대로 된 꾸준함'이다.

스스로 정한 규칙에 따라 그저 꾸준히 하는 데만 집중하면 된다.

실력 향상이나 목표 달성이 아니라 그저 꾸준히 하는 것만 생각하면 된다. 실력은 끝까지 지속하는 기본기를 기른 다음에 생각해도 충분하다.

그러니 먼저 꾸준히 하는 것부터 시작해 보자.

그러려면 즐겁게 할 수 있는 방법을 스스로 찾아나가는 과정이 필요하다.

✓ 우선은 '꾸준히 하는 것'만 생각하면 된다.

어떤 일을 즐겁게 계속할 수 있는 방법을 찾으려면 무엇이
필요할까?

바로 자기 스스로 해법을 발견하는 것이다.

그러려면 처음부터 효율을 기대해서는 안 된다.

쉽게 잘할 수 있는 방법이 있으면 달려들고 싶기 마련이지
만, 쉽게 해버리면 어떤 일이든 갑자기 재미가 없어진다.

공략법을 보지 않는 것.

사실 이것이 무언가를 즐겁게 계속하는 비결이다.

처음에는 최대한 힌트가 없을수록 좋다.

우선은 자기 방식대로 해보는 것이다.

직접 하면서 힌트를 찾으면 된다.

책을 읽거나 인터넷으로 검색하거나 자기 나름의 방법으로 어떻게 해야 하는지 힌트를 차근차근 모은다.

그리고 그것을 자기 나름의 방식으로 변환해 본다.

'이렇게 하면 잘되지 않을까? 이건 따라 하기 어렵겠지만, 이 방법이라면 어떨까?'

스스로 이것저것 시험하며 몸소 법칙을 찾아내는 것이다.

처음 한 번은 자기 방식대로 해보자.

예를 들어 시를 쓰기로 했다고 가정해 보자.

일단은 한번 써본다.

"어? 뭘 써야 하지? 잘 안 되네….."

그러면 시에 대해 좀 더 조사를 해본다.

그다음 어떻게 하면 쓸 수 있을지 공략법을 스스로 고민해 본다.

일단은 '쓰는' 것을 잊고 매일 시집을 조금씩 '읽기' 시작한다. 몇 페이지 읽은 다음 마음에 드는 시를 몇 개 옮겨 적어본다. 그 과정을 매일 반복한다.

그러다 보면 직접 자신만의 시를 써보고 싶다는 의욕이 불끈 솟을지도 모른다.

이런 식으로 매일 시를 한 편씩 쓰는 습관을 스스로 만들어 나가는 것이다.

이번에는 춤을 춘다고 가정해 보자.

우선 되는 대로 몸을 움직여 본다.

"어? 잘 안 되네."

동작을 모두 외우지 못하는 것이 우선 문제다.

하지만 하루에 1초씩 동작을 외우면 모두 기억할 수 있지 않을까? 즉, 일주일에 7초 분량의 안무를 외우는 것이다.

이렇게 계속하면 5분짜리 안무도 300일 만에 모두 외울 수 있다. 너무 아득하게 느껴질 수도 있지만, 꾸준히 하면 불가능은 언젠가 가능이 될지도 모른다.

어떻게 할지 스스로 생각하고 궁리해서 차근차근 하면 된다.

그리고 정말 솜씨가 느는지 어떤지는 그리 신경 쓸 필요 없다. 이것이 '꾸준함'의 가장 큰 비결이다. '하면서 생각하기'.

하면서 조금씩 방법을 조정하고 몸소 부딪치며 공략법을 찾는다.

가장 빠른 공략법을 흉내 내면 금세 싫증이 난다.

그것이 '작심삼일'로 이어지는 이유가 아닐까.

하지만 자기 스스로 생각하며 천천히 착실하게 쌓아나가면 뭔가가 변하기 시작한다. 그리고 그 작은 변화를 마음속으로 실감할 수 있다.

직접 움직여 해답을 찾아내면 응용하는 능력도 생긴다.

공략법을 보고 익힌 관점은 정해진 상황에서만 써먹을 수 있는 경우가 많지만, 스스로 알아낸 방법은 다른 상황에서도 자유자재로 응용할 수 있다.

한 번도 해본 적 없는 일에 도전하고 싶을 때 '그때 그 방법을 써보면 어떨까?' 하고 생각하게 된다.

그러므로 다양한 방식이 몸에 익으면 그만큼 다양한 문제에 대처할 수 있다.

자연히 위기와 기회에 강한 체질을 연마할 수 있다.

✓ 해답은 스스로 찾는다.

하겠다고 마음먹은 건 당신이다

끝까지 '계속하겠다'는 생각이 마음속에 저절로 싹트는 아주
쉬운 방법이 있다.

너무나도 간단하고 쉬운 단 한 가지 방법.

그건 바로 '스스로 하겠다고 결정하는 것'이다. '누가 시켜서
하는 느낌'은 어떤 일이든 재미없게 만들어 버린다.

아, 일해야 하는데.

아, 공부해야 하는데.

아, 청소해야 하는데.

'해야 한다', '하지 않으면 안 된다'라고 생각하면 뭐든 매우 시시하고 재미없게 느껴진다.

해야 한다고 생각하면 갑자기 하기가 싫어진다.

그러니 먼저 그 생각을 지워버리자.

꾸준히 하는 데 필요한 자세란 몹시 단순하다.

'시키는 사람은 아무도 없다!'라고 생각하는 것이다.

실제로 이 세상에 '다른 사람이 시켜서 하는 일' 따위는 하나도 없다.

사람은 모두 '자신이 할 일'을 스스로 결정하고 실행한다.

그럼에도 다른 무언가를 탓하는 이유는 마음의 짐을 덜기 위해서이기도 하다.

'하고 싶지 않지만', '한다'.

하고 싶지 않은 일을 억지로 하고 있으니 '힘들고 못마땅하게 느껴도 된다'며 자신의 못난 태도를 가만히 내버려 둔다.

그리고 그 못마땅함이 의욕을 빼앗는다.

누가 시켜서 하는 일 같으니 '이 정도면 됐다'며 대충대충 넘기는 자신의 무책임함을 점점 용납하기 시작한다.

사실은 스스로 하기로 결정했음에도 '시켜서 한다'는 생각으로 무책임해진 자신을 합리화한다.

결국 원래 딱히 하고 싶은 건 아니었다며 일을 내팽개치는 구실로 삼는다.

모두 그렇다고 단언할 수는 없지만, '누가 시켜서 하는 느낌'이 의욕을 빼앗는 이유는 열심히 하는데도 생각만큼 제대로 되지 않는 상황, 다시 말해 부담감에 비해 보상이 너무 적다는 데 있을지도 모른다.

적어도 과거의 나는 그런 면이 있었다.

"한다고 마음먹은 건 바로 나다!"

그렇게 당당히 선언하자.

원래는 그리 내키지 않는 공부도 청소도 다이어트도 먼저 '스스로 도전해 보자'고 결심하자.

어떤 일이든 처음 시작할 때 "한다고 마음먹은 건 바로 나다!"라고 선언하자.

소리 내서 말할 필요는 없지만, '한다고 마음먹은 건 바로 나'라고 생각하는 데서부터 출발하자.

아주 당연한 이야기지만, 사실 매우 중요하다.

✓ 한다고 마음먹은 건 바로 나다! 시작은 늘 이런 생각으로!

뭐든 상관없으니 시작해 본다

과연 무슨 일을 시작하면 좋을까?

실제로 하고 싶은 일을 분명히 아는 사람보다 '딱히 하고 싶은 일이 없는 사람'이 훨씬 많을지도 모른다.

세상에는 '하고 싶은 일 찾는 법'에 관한 책이 제법 많이 나와 있다.

어린 시절 특히 열중했던 일은 무엇인가, 시간 가는 줄 모르고 몰두하는 일은 무엇인가. 이런저런 질문에 대해 답을 적으며 내가 무엇을 좋아하는지 찾아가는 식이다.

그렇게 해서 자신이 좋아하는 일을 찾은 사람은 무척 운이 좋은 경우다. 지금 당장 그 일을 하면 된다.

하지만 그렇게 해서 찾지 못하는 사람도 있다.

나는 어느 쪽이냐 하면 후자에 가깝다. 결국 무얼 해야 좋을지 찾지 못했으니까.

나는 특별히 '하고 싶은 일'이 없었다.

다만 실제로 해봤더니 좋았던 일은 아주 많았다.

지금 하고 싶은 일이 없다면 무리해서 찾으려고 애쓸 필요는 없다.

뭔가를 시도하고 꾸준히 거듭하면서 '하고 싶은 일'로 삼는 편이 훨씬 빠르기 때문이다.

따라서 자신이 무엇을 좋아하는지 잘 모르는 사람에게는 '뭐든 상관없으니 시작해 보는 자세'를 권하고 싶다.

깊이 생각하지 않고 시작하면 된다.

시시한 일이든 쓸데없는 일이든 뭐든 괜찮다.

매일 아침 일어나서 힘차게 만세를 부른다든지.

오늘부터 외출할 때마다 현관을 사용하지 않고 창문으로 드나든다든지.

매일 깨어 있는 시간에는 계속 〈드래곤 퀘스트〉를 플레이해서 레벨을 올린다든지.

날마다 같은 편의점에서 같은 비스킷을 산다든지.

하루도 거르지 않고 '스키야'(일본의 소고기덮밥 체인점-옮긴이)에서 밥을 먹는다든지.

이런 사소한 일들도 얼마든지 상관없다. 마지막 세 가지는 실제로 하는 사람이 있다.

- 〈드래곤 퀘스트〉를 남다른 방식으로 플레이하며 꾸준히 레벨을 올린 사람은 유튜버가 되었다.
- 같은 비스킷을 날마다 계속 산 사람은 블로그가 엄청난 화제를 모아서 책을 출간했다.
- '스키야'에서 매일 밥을 먹는 사람은 SNS에서 큰 인기를 끌어 방송에도 출연할 만큼 유명해졌다.

막상 하는 일은 실없기 그지없다.

하지만 그런 일이어도 좋다. 아니, 그런 일이라서 좋다.

아무짝에도 쓸모없는, 하지만 재미있어 보이는 일. 무슨 도움이 되는지 알 수 없으나, 왠지 모르게 해보고 싶은 일.

동기는 그 정도로도 충분하다.

처음 무언가를 시작할 때 앞으로 무슨 일이 일어날지는 아무도 모른다.

'별 생각 없이' 한번 해볼까 마음먹은 일을 시작하는 것이다. 그것을 꾸준히 이어나가면 된다. 그러면 그것은 어느새 그 사람의 개성이자 일부가 된다.

사람들이 재미있다고 느끼면 주목을 받을 테고, 반대로 주목받지 않는다 해도 한결같이 계속해 온 그 일은 자신의 일부가 되고 하나의 재미있는 이야깃거리쯤은 될 것이다.

누군가와 이야기를 나누다 마음속으로 '이래 봬도 난 사실 매일 현관이 아니라 창문을 타고 집에 들어가는 사람이라고, 하핫!' 하고 생각하기만 해도 조금 재밌어지지 않을까? 아닐 수도 있고. 그래도 어딘가 비밀을 품은 사람이라는 자기 나름의 낯간지러운 정체성은 얻을 수 있을지도 모른다.

그 정도면 괜찮지 않을까? 뭔가에 도움이 된다든지, 뭔가를 이룬다든지, 그런 게 꼭 필요할까? 아무것도 하지 않는 것보다는 나을 것이다.

목적을 생각하기보다는 뭐든 상관없으니 나름 재미있어 보이는 사소한 일을 시작해 보자.

꾸준히 계속하다 보면 한 번도 본 적 없는 새로운 풍경을 만날 수 있을지도 모른다.

✓ 목적이나 의미는 생각하지 않는다.

'목적'보다 '구조'를 먼저 생각한다

목적은 나중에 생각해도 된다.

그런데 목적이 없으면 금방 그만두지 않을까?

물론 당장 의미 없어 보이는 일을 계속하기란 쉽지 않다.

하지만 그런 생각을 쉽게 뒤집어 버리는 방법이 있다.

바로 '구조'를 구상하는 것이다.

어떤 일을 새로 시작하려 할 때 가장 먼저 생각해야 하는 것.

'어떻게 해야 꾸준히 계속할 수 있을까?'

어떻게 하면 지나치게 애쓰지 않고 쉽게 지속할 수 있을지 먼저 궁리해야 한다.

그 답은 일상 속에서 '자연스럽게 하는 일'로 만드는 것이다. 번거롭거나 품이 많이 드는 방법은 아니다. 왜냐하면 쉽게 지속할 수 있는 구조를 찾는 것이 필요하니까.

처음에도 이야기했지만, 이 구조를 구상하는 과정이 아주 재미있다. 어떻게 하면 오래도록 지속할 수 있을지, 그 '구조를 만드는 것'이야말로 무언가를 꾸준히 계속하는 가장 큰 즐거움이다.

어떤 방식으로 할지는 스스로 생각해야 한다.

다른 사람에게 배우거나 누군가를 흉내 내면 재미없는 데다 실력도 좋아지지 않는다. 방법은 스스로 궁리하고 고민하는 편이 좋다.

다만 맨땅에서 아무런 힌트도 없이 생각하기는 역시 조금 어려울지도 모른다. 구조를 세우는 데는 어느 정도 요령이 있다.

다음 장에서는 내가 꾸준히 하는 구조를 어떤 식으로 만드는지 알기 쉽게 설명하려 한다.

'구조'를 만든다고 하면 거추장스럽고 귀찮게 느껴지지만, "뭐야, 그렇게 간단한 거였어?" 싶을 만큼 쉽고 단순하니 오히려 바보 같다는 생각이 들지도 모른다.

'꾸준히 하기'를 철저하게 디자인해 보니 그 방법이란 의외로 아주 단순했다.

✓ 무엇보다 '구조'를 먼저 생각하자.

Chapter 2

꾸준함은

'구조'가 전부다

무조건 계속하게 되는 최고의 방법

어떤 일을 꾸준히 하고 싶을 때, '구조'만 잘 짜두면 그다음 부터는 저절로 계속하게 된다.

꾸준함은 구조가 10할이다.

의욕도 기합도 끈기도 필요 없다.

나는 20년 넘게 시행착오를 거듭하며 마침내 이 방법에 도 달했다.

단, 그야말로 단순하고 어찌 보면 바보 같은 방법이니 부디 놀라지 않기를 바란다.

먼저 가장 중요한 내용을 적어두겠다.
무언가를 지속하기 위한 궁극의 방법이다.

어떤 일이든 무조건 계속하게 되는 대단한 방법.
반드시 오래도록 지속하게 되며, 게다가 몹시 간단하다.

'그런 게 있어?'
이런 생각이 들지도 모른다.
사실은, 정말 있다.

거짓말이라고?
정말 있다.

젠체해 봤자 소용없으니 이제 공개하겠다.
단단히 각오하고 읽기를 바란다.

그건 바로,

"매일 한다!"

매일 하면 무조건 꾸준함이 따라온다.
이제 당신은 작심삼일을 졸업할 수 있다. 축하드린다!

어떤 일이든 쉽게 계속하는 비결은 일주일에 한 번 하기도,
일주일에 두 번 하기도 아니다.
일주일에 일곱 번 하기. 바로 이것이다.
사실 이 책에서 꼭 읽어야 할 부분은 이 한 줄뿐이다.
아무런 조건도 예외도 필요 없는 최강의 법칙이다.

너무 스파르타식 같은가?
아니, 그렇게 딱딱하게 생각할 필요는 없다.
중요한 점은 '매일 하기로 마음먹는 것'이다.
마음만 먹어도 좋다.

꾸준히 하기의 가장 큰 적은 '하지 않는 것'과 '그만두는 것'
이다. 일주일에 세 번을 한다고 하면 한 주 동안 네 번 하지
않는 날이 생긴다. 대부분 처음 2, 3주 정도는 본래 결심한
대로 실천한다.

하지만 얼마 안 가 "오늘은 쉬고 내일은 꼭 해야지", 그리고 막상 다음 날이 되면 "오늘은 바쁘니까 내일 해야지"라는 말이 절로 튀어나온다. 결국 '하는 날'과 '하지 않는 날'이 이리저리 뒤섞여서 어느덧 '하지 않는 날'이 보통이고 '하는 날'이 드물어지다 끝내 아예 하지 않게 된다.

가끔 주변 사람이 블로그를 새로 시작하면, 대개 이런 식으로 끝나버린다. 이런 유형은 아주 잘 알고 있다. 예전에는 나도 다를 바 없었기 때문이다.

가끔 하고, 기분이 내키면 하고. 그런 식으로는 오래 지속될 리가 없다.

인간의 의지란 그리 강하지 않다.

꾸준히 계속하려면 매일 해야 한다.

나는 대략 20년 전부터 블로그에 글을 쓰기 시작했다. '기분이 내킬 때 쓰는 방식'으로 글을 올렸을 때는 일이 바빠지자 업로드 빈도가 점점 줄어들어서 1년에 몇 번밖에 쓰지 않게 되었다.

그러다 어느 날 '매일 쓰자'고 마음먹었더니 매일 글을 올리게 되었다. 그때 이후로 8년 가까이 정말로 매일 글을 업로드하고 있다.

꾸준히 글을 쓰는 비결은 '매일 하기'다.

매일 하는 것이 곧 무조건 오래가는 '대단한 방법'이다. 정말, 정말로. 날마다 거르지 않고 하면 반드시 이어지니까.

'못 하는 날'은 하지 않아도 된다. 하지 못하는 날은 어쩔 수 없다. 중요한 건 '매일 한다'고 결심하는 것이다.

꾸준함을 쉽게 손에 넣으려면 선택지를 줄이는 것이 가장 빠른 길이다.

우선 '하지 않는다'는 선택지를 없애버리자. '한다', '하지 않는다'를 날마다 일일이 고민하지 않게 만들면 된다.

그러기 위해서 매일 한다고 굳게 마음먹는 것이다. 그러면 자연히 '하지 않는다'는 선택지가 사라진다. 그것만으로도 꾸준히 하기가 눈에 띄게 쉬워진다.

실제로 매일 한다는 생각으로 꾸준히 계속하다 보면 자연히 '하지 않는다'는 선택지가 점차 머릿속에서 사라진다.

어느덧 매일 하는 것이 너무 당연해져서 아예 생각조차 하지 않게 된다. 다소 어려운 일도 자기도 모르는 사이에 마땅히 매일 하는 일로 자리 잡는다.

얼마나 시간이 걸리는지는 사람마다 차이가 있지만, 나 같은 경우에 '매일 4분씩 근력 운동'을 하는 정도는 두 달 정도 계속하면 거의 몸에 밴다.

실제로 '행동이 습관으로 자리 잡는 데는 대개 66일이 걸린 다'는 66일의 법칙이 있다고 한다. 런던대학교의 필리파 랠 리Phillippa Lally 박사가 연구 논문에서 주장한 내용이다.

다만 '매일 책 한 권 읽기' 정도로 난이도가 높은 일은 쉽게 지속할 수 있게 되기까지 좀 더 시간이 걸린다.

내가 경험한 바에 따르면, 난이도가 높은 일은 무의식중에 자연스레 해내기까지 1년 반이 걸린다. 500일가량 매일 하 다 보면 어떤 일이든 아무 생각 없이 자연스럽게 계속하게 된다.

✓ 우선 매일 한다고 마음먹는다.

먼저 사소한 행동을 의식한다

아침에 눈을 뜨면 우선 어떤 일 한 가지를 의식적으로 해보자. 이 방법은 '꾸준히 하는 체질'을 만드는 데 아주 효과적이다.

아침에 일어나면 작은 일 하나를 의식적으로 해본다.

눈뜨고 침대를 벗어나 물 한 잔 마시기처럼 사소한 행동도 괜찮다.

혹은 이미 날마다 당연하게 하는 행동이어도 좋다. 아침에 일어나서 침대 밖으로 나갈 때 오른발을 가장 먼저 내딛는다든지.

여기서 핵심은 사소한 행동을 '의식적으로 한다'는 데 있다.

어떤 행동을 '하는' 것을 의식하기만 하면 된다.

'좋아, 오늘도 물 한 잔으로 하루를 시작했어.'

'그래, 오늘도 오른발을 먼저 내디디며 하루를 시작했군.'

이렇게 의식하는 것만으로도 작은 습관이 만들어진다.

'습관'이라는 관점으로 바라보면, 아무 의미도 없었던 일이 "오늘도 거르지 않고 해냈다!"로 바뀐다.

뭘 하든 오래가지 않는다는 생각은 선입견에 불과하다. 사람들은 이미 무언가를 매일 반복하고 있으니까.

어떤 일을 기꺼이 계속한다는 것은 이런 작은 발견을 즐기는 일이기도 하다.

한 번 어떤 행동을 의식했다면 내일도 의식해 보자. 우선은 아침에 눈떠 침대 밖으로 내딛는 첫발부터, 거기서부터 시작이다.

✓ 처음에는 평소 자연스럽게 하는 행동을 '의식하는 것'만으로도 충분하다.

다음 단계는 뭔가 작은 일 하나를 시도해 보는 것이다.

어떤 일이든 상관없으니 작은 일을 시작하면 된다.

내가 날마다 꾸준히 하는 일 가운데 '이건 정말 간단하고 좋
아'라고 생각하는 습관이 있다.

아침에 일어나면 밖으로 나가서 스마트폰으로 하늘을 사진
에 담는 것이다. 시간으로 따지면 10초 정도가 걸린다.

새해 첫날 우연히 집 베란다에서 해돋이 사진을 찍은 것이

계기였다. 태양이 어떤 식으로 움직이는지 궁금해져서 그 후 얼마간 아침 해를 사진에 담았더니 어느새 매일 아침의 습관이 되었다.

아주 쉽고 단순한 일이라 한 번도 거르지 않았다.

나중에 알았지만, 아침에 일어나 바깥 공기를 쐬는 습관은 몸에도 매우 좋다고 한다. 라이프 스타일을 개선해 심신의 조화를 꾀하는 아유르베다Ayurveda 같은 측면에서도 큰 효과가 있다고 한다.

아침에 눈뜨자마자 밖으로 나가 공기를 들이마시고 사진을 찍고. 그저 작은 일 하나만 더했을 뿐인데, 하루의 시작을 훨씬 더 기분 좋게 시작할 수 있다.

예를 들어 내일부터 매일 책을 읽으려고 마음먹었다면 어떨까. 독서라는 행동을 구체적으로 잘게 나눠 생각해 보자.

"매일 열 페이지씩 읽어야지!"

이 정도면 작을까?

아니, 그래도 좀 부담스럽게 느껴질… 수도 있다. 그렇다면.

"매일 아침 책을 손에 들고 펼쳐보는 거야!"

이거라면 1초 만에 끝난다. 이 정도로 잘게 나눠도 좋다.

어쨌든 또렷하게 의식할 수 있도록 애쓰지 않고 가능한 선까지 작게 나누면 된다.

책을 집어 들고 펼치기. 정말 이것만으로도 충분하다.

그러려면 잘 보이는 곳에 책을 놓아두어야 한다. 자연히 책을 집어 들고자 하는 의식이 작용하도록.

그것만으로도 할 일은 끝난 셈이다. 이제 그 습관을 우습게 여기지 말고 한 달간 계속해 보자.

아마 대부분은 집어 든 김에 몇 페이지는 읽어보았을 것이다. 반대로 전혀 읽지 않았다면 그건 그거대로 좋다! 매일 같은 책을 손에 들고도 1년간 읽지 않았다면 그거대로 대단한 일이니 말이다.

√ 쪼갤 수 있을 만큼 작게 쪼개서 매일 또렷이 의식하자.

'제대로 하기'보다는 '작게 계속하기'

책을 읽다 보면 때로 직접 해보고 싶은 내용이 나오기도 한다. 얼마 전《혈관을 강하게 만드는 순환계 스트레칭血管を強くする循環系ストレッチ》이라는 책을 읽었다. 하루 10분이면 할 수 있는 효과적인 스트레칭을 소개하는 책이다.

물론 하루 10분은 어찌어찌 할 수 있을 법한 길이이기는 하다. 하지만 매일 10분씩이라니… 과연 얼마나 오래갈까 의문이 들기도 한다.

처음 며칠은 열심히 하겠지만, 그리 오래 이어지지는 않을 것 같다.

매일 계속한다고 치면 10분은 좀 길다. 그럴 때는 '꾸준히 할 수 있는 사이즈'로 만들어서 하루 일과에 집어넣는다.

이를테면 처음에는 30초만 해본다. 처음부터 모두 제대로 하려고 욕심을 내서는 안 된다. 일부만 시험 삼아 해보면 충분하다.

10분 분량 중 30초만 해보는 것이다.

그렇게 꾸준히 하다가 효과가 나타난다 싶으면 1분으로 늘리거나 방식을 바꿔보면 된다. 제대로 하려다 금방 그만두기보다는 맛보기로라도 오래 지속할 수 있는 쪽을 고르는 것이 좋다.

책을 읽으며 '계속할 수 있을 만한' 부분을 일부만 골라서 꾸준히 따라 해본다.

좌선에 관한 이야기가 담긴《일이 술술 풀리는 좌선 습관仕事がはかどる禅習慣》이라는 책에는 이런 아침 습관이 나온다. 하루를 시작할 때 불단이나 정해둔 장소 앞에서 두 손바닥을 맞대고 소리 내어 감사를 표하는 습관이다.

쉬워 보여서 나도 곧장 따라 해보기로 했다. 불단은 없지만 정해둔 곳 앞에서 합장할 수는 있으니 베란다에서 내다보이는 신사 방향으로 서서 손바닥을 맞대기로 했다.

그런데 막상 하려니 '감사한 마음'을 말로 표현하기가 생각보다 부끄럽고 어색했다. 과연 계속할 수 있을지 걱정이 되어 '정해진 방향을 보고 손바닥을 맞대는' 가장 간단한 행동만 가져와서 따라 해보기로 했다.

처음에는 그렇게 손만 모았지만, 2년 동안 꾸준히 하는 사이 자연히 소리 내서 감사한 마음을 표현하게 되었다.

꾸준히 하다 보니 저절로 그렇게 되었다.

'제대로 하는 것'이 아니라 '작게 계속했더니' 자연스레 변화가 찾아왔다.

뭐든 처음부터 너무 제대로 하려고 욕심을 부리면 오래가지 않는다. 우선은 자신에게 맞는 크기로 작게 줄이고 꾸준히 하면서 서서히 모양을 다듬어 나가면 된다.

그러니 처음에는 '꾸준히 할 수 있는 쪽'을 고르자.

✓ 어떤 일이든 내게 맞는 크기로 작게 줄여 꾸준히 하자.

5분 안에 할 수 있는 형태로 만든다

작은 일을 의식하는 데 익숙해졌다면 이번에는 조금만 크기를 키워보자.

대략 5분 안에 마칠 수 있는 크기로 만들면 된다.

'에계, 겨우 5분?'

너무 짧다는 생각이 드는가? 하지만 5분은 결코 짧지 않다. 믿기 어렵다면 시험 삼아 5분간 집중해서 뭔가를 해보면 된다. 5분 동안 몸을 움직이면 제법 운동이 되고, 책을 꼼꼼히 읽어도 열 페이지는 읽을 수 있다.

온전히 집중하면 5분은 결코 짧은 시간이 아니다.

예를 들어 매일 5분씩 춤을 춘다면 어떨까?
춤을 '하루에 5분씩' 매일 연습하면, 그것도 365일 하루도
쉬지 않고 1년간 계속하면 절대 따라 할 수 없다고 생각했던
춤을 출 수 있을지도 모른다.

만약 날마다 5분씩 장편소설을 읽는다면?
시간이 없어서 도저히 읽을 겨를이 없다고 생각했던 책을
몇 개월 만에 전부 읽을 수 있을지도 모른다.

실제로 나는 춤이나 장편소설 읽기처럼 시간이 없어서 도저
히 못 한다고 생각했던 일들을 하루 5분씩 거듭하며 끝까지
해내고 있다.

'하루 5분만'은 불가능을 가능으로 바꾸는 마법 같은 사고방
식이다.

우선 '할 수 있는 크기로 작게' 줄이기. 그리고 잘게 잘라서
매일 계속하기.

날마다 뚜렷이 실감할 만한 큰 변화는 없을지 몰라도, 매일 5분씩 거르지 않고 1년간 꾸준히 하면 나를 둘러싼 세상이 달라졌음을 느낄 수 있다.

크기는 작을지라도 변화는 틀림없이 나타난다.

매일 5분씩만 계속하면 '불가능'이 '가능'으로 바뀐다.

날마다 작은 행동의 혁명이 일어나는 것이나 다름없다.

그러니 어떤 일이든 높다란 산을 '작은 5분'으로 바꾸어 생각해 보자.

✓ 하루 5분으로 인생에 혁명을 일으킨다.

사소한 일 두 가지를 세트로 묶는다

'작은 행동부터 시작한다', '자신에게 맞는 크기로 줄인다'.

이렇게 하면 어떤 일이든 한결 쉬워진다.

다만 조각이 작아진 만큼 너무 사소해서 신경을 쓰지 않게

되거나 그만 깜빡 잊어버리기도 한다.

물론 처음 며칠 동안은 별문제 없이 이어진다. 끈기 있는 사

람이라면 한 달 정도는 지속하기도 한다. 하지만 그마저도

종종 잊어버려서 나중에는 어쩌다 생각난 날만 하게 된다.

그러다 끝내 아예 하지 않게 된다.

나도 그렇게 잊어버린 일들이 아주 많다.

'아니, 이봐, 당신이 작게 하라며.' 불쑥 그런 생각이 들겠지만, 잊어버리는 사태를 확실히 방지하는 방법이 있다.

바로 '세트로 묶기'다. '작은 일'과 '작은 일'을 한 세트로 만들어서 두 가지를 하나의 습관으로 생각하는 것이다.

어떤 일을 작게 시작하고 싶을 때는 '뭐랑 세트를 만들면 좋을까?' 하고 머리를 굴려보자. 쉽게 하려면 평소 매일 하는 일과 새로 시작하는 일을 하나로 묶으면 된다.

예를 들어 스쿼트를 매일 하고 싶다면?

매일 아침 양치질을 하는 것이 일과라면 양치질과 세트로 묶어보자. '양치질+스쿼트'라는 세트를 만드는 것이다.

그러면 아침에 양치질을 할 때 자연히 스쿼트가 머릿속에 떠오른다. 게다가 동시에 두 가지 행동을 할 수도 있다.

이렇게 평소 자신이 하는 행동과 새로운 행동을 세트로 묶는 것이 가장 쉽고 간편한 방법이다.

한데 묶을 만한 일이 없다면 두 가지를 동시에 시작하는 방법도 있다. 작은 습관으로 삼고 싶은 일 외에 새로운 일을 한 가지 더 시작하면 된다.

예를 들면 이런 식이다.

- 베란다 문을 열고 바깥으로 나간다 + 사진을 찍는다(스마트폰만 가지고 나가면 된다).

- 체온을 잰다 + 세 줄 일기를 쓴다(일기장과 체온계를 함께 둔다).

- 운동복으로 갈아입는다 + 5분 동안 춤을 춘다(옷을 갈아입으면 자연히 춤출 시간이 된다).

한 가지만 있을 때는 깜빡하기 쉬운 일도 두 가지가 세트를 이루면 잊어버리기 어려워진다.

일기장과 체온계를 같은 곳에 두고 체온을 잰 다음 일기를 쓰는 식으로 흐름을 만들어 두면 잊지 않고 모두 실천할 수 있다. 둘 중 하나를 기억하고 있으면 다른 한쪽이 저절로 떠오르기 때문이다.

이런 작은 장치를 만들어 일상생활 속에서 자연스럽게 할 수 있도록 배치하면 된다.

참고로 나는 '양치질'과 '스마트폰 게임'을 세트로 만들어서 매일 받을 수 있는 보상을 빠뜨리지 않고 챙긴다.

✓ 사소한 일은 세트로 묶으면 잊어버리지 않는다.

'겸사겸사'의 힘을 이용한다

두 가지 행동을 세트로 묶는 데는 '깜빡하지 않는 것'보다 더 큰 효과가 있다. 가장 큰 효과는 '겸사겸사의 힘'을 이용할 수 있다는 점이다.

이를테면 회의에서 매달 새로운 기획안을 내야 한다고 가정해 보자.

실제로 나는 매달 새로운 도서에 관한 기획을 다섯 가지쯤 출판사에 제안한다. 기획안을 다섯 가지나 구상해야 한다고 생각하면 부담스럽기 그지없다.

갑자기 생각하려 마음먹는다고 기획이 뚝딱 나오는 것도 아니다. 제출하는 날이 되어서야 급히 아이디어를 짜내려 해도 좋은 생각이 떠오를 리가 없다. 그러니 작게 잘라 생각한다. '매일 뭐든 좋으니 기획을 한 가지 생각하기'라는 작은 습관으로 만드는 것이다.

그렇다고 매일 "자, 기획을 고민해 보자!" 하고 스위치를 달칵 켤 수 있는 것은 아니다.

그럴 때 '겸사겸사의 힘'이 효과를 발휘한다.

매일 아침 5분에서 10분 정도 인터넷이나 SNS를 살피는 시간이 있는데, 이것을 '기획 고민하기'와 세트로 만들었다. 기획거리를 구상해야겠다는 마음으로 하지는 않는다. SNS를 들여다보는 '김에' 기획도 생각하는 것이다. 그러면 SNS를 구경하는 행동에도 목적이 생긴다.

기획거리를 찾는 눈으로 정보를 바라볼 수 있다. 인터넷에 좀 오래 몰두하게 되더라도 '기획을 구상하기 위해서'라고 생각하면 죄책감도 사라진다. 아이디어가 떠오르지 않을 때는 재미있다고 느낀 내용과 이유만 메모해 두어도 나중에 기획의 귀중한 재료가 된다.

이 과정을 30일 정도 계속하다 보면 뭔가 반드시 나타난다.

적어도 '아무것도 생각나지 않는' 상태는 피할 수 있다. 게다가 기획을 고민하는 일에 아무런 부담감도 느끼지 않을 수 있다.

'겸사겸사' 하는 것뿐. 하지만 그것이 일로 이어진다.

단순하고 매우 간단하지만, 사실은 어마어마한 효과를 발휘하는 마법 같은 방법이다.

✓ 세트로 만들어 '겸사겸사'의 힘을 이용한다.

작은 전제 조건을 만들어 둔다

쉽게 엄두가 나지 않는 일을 시작할 때는 그 전에 쉬운 일 하나를 완충제처럼 끼워 넣으면 어려운 일을 좀 더 자연스럽게 마주할 수 있다. 어려운 일에 착수하기 위한 스위치로 일종의 전제 조건을 배치하는 것이다.

나는 매일 책을 한 권씩 읽어야겠다고 어느 날 결심했다.

그리 가볍게 시도할 수 있는 도전은 아니었다. 날마다 책을 한 권 읽겠다고 마음먹기란 쉽지 않다.

그래서 커피 내리는 습관을 새로 만들었다. 커피를 내린 다음 마시면서 책을 읽는다는 흐름을 만든 것이다.

'커피 내리기'는 '책 읽기'를 위해 스위치를 켜는 장치, 즉 책을 읽기 위해 새로 시작한 '작은 일'이었다.

이처럼 어려운 일에는 작은 전제 조건을 세트로 붙여 생각하면 된다. 저걸 하고 나면 이걸 한다고 조건을 하나 만들어 두는 셈이다.

"게임이 끝나면 고강도 근력 트레이닝을 한다."

"스마트폰 게임을 하면서 책상으로 향한다."

조금 번거롭고 쉽게 엄두가 나지 않는 일을 하기 전에는 비교적 쉬운 행동을 세트로 붙여둔다.

바로 어려운 일을 맞닥뜨리지 않도록 뇌를 약간 속이는 방법이라고 할까. 귀찮은 일을 실행할 때는 이런 방법이 매우 효과적이다.

이런 완충제 하나만으로도 매끄럽게 다음 행동으로 넘어갈 수 있다. 다양한 부분에 활용할 수 있는 방식이다.

'어렵고 번거로운 일'을 하기 전에는 '작고 쉬운 일'을 마련해 두자.

✓ 다른 작은 행동으로 스위치를 켠다.

언제 할지를 구체적으로 정한다

"시간이 없어서."

우리가 어떤 일을 하지 않게 되는 가장 큰 이유다. 시간이 없어서 모두가 하던 일을 중간에 그만두고 만다.

현대인은 대부분 지나치게 분주하다.

스마트폰을 들면 한없이 SNS를 들여다보느라 시간을 소비하고, 잠시 인터넷에 접속하면 재미있어 보이는 화제가 끝도 없이 이어지며, 만화를 보고 싶으면 언제든 볼 수 있다.

반면 일은 효율이 더욱 중요해지면서 과거에 비해 한 사람이 떠안는 양이 터무니없이 늘어났다. 시간을 단축해 많은 일을 처리할 수 있게 되었으니 원래라면 시간이 남아야 하건만, 남은 시간을 몽땅 다른 일에 들이게 되었다.

사람들은 시간을 만들기 위해 편리함을 추구했지만, 결국 그 시간은 다른 무언가에 쓰인다. 요컨대 시간을 만들려고 하면 할수록 시간이 없어지는 것이다.

그래서 뭔가 새로운 일을 시작해 보고 싶어도 늘 스스로 이렇게 답한다.

"그럴 시간 없어."

시간이 나면 해보고 싶다고 생각한 일을 사람들은 거의 하지 않는다. '시간 나면 해야지'라고 마음먹은 일은 대부분 현실이 되지 못한다. 그럴 시간은 어디에도 존재하지 않기 때문이다.

그러므로 해야겠다고 마음먹었다면 지금 당장 하는 수밖에 없다.

"언제 할래?"

"지금 당장!"

이것이 정답이다. 다만 현실적으로 '지금 당장'은 무리일지도 모른다. 그러니 '언제 할지'를 분명히 정하는 것이 무엇보다 중요하다.

그래야만 '해야겠다'고 마음먹은 일이 현실이 된다.

'아침에 일어나면 꼭 해야지. 이를 다 닦고 나면 반드시 해야지. 점심 먹고 꼭 할 거야.'

구체적으로 '언제'인지 분명하게 정해두어야 한다. 늘 하는 일을 한 '다음'인지, 늘 하는 일과 '같이' 할지 타이밍을 구체적으로 결정하면 된다.

"몇 시가 되면 해야지"처럼 시간으로 설정하기보다는 어떤 행동의 전후로 생각하는 편이 훨씬 구체적이고 현실적이다.

매일 하지 않아도 되는 일, 일주일에 한 번이면 충분한 일은 "일주일에 한 번 한다"라고 정하지 않고 "무슨 요일에 한다"라고 구체적인 요일을 정해두어야 한다.

정해둔 날에는 반드시 실천한다. 아무리 애써도 시간이 맞지 않을 때는 정한 날 하루 전에 하면 된다.

일주일에 두 번이라면 수요일, 일요일처럼 이틀을 정확히 정해둔다.

나는 매일 거르지 않고 청소를 한다.

구체적으로 정하기 위해 요일별로 장소를 나눠서 지정해 두었다. 월요일은 샤워를 하며 욕실 청소, 화요일은 양치질하며 부엌 청소 등과 같이 요일마다 언제 청소를 할지 자세히 정해놓았다.

한 달에 한 번 정도로 충분할 때는 "매달 ○일"이라고 생각하기보다는 "매달 첫째 주 목요일"이라든지 "월초 회의가 있는 날"처럼 요일이나 정기적인 행사와 짝을 지어 생각하는 편이 좋다. 그러면 쉽게 리듬을 만들 수 있기 때문이다.

이렇게 구체적으로 정해두면 생활에 규칙적인 리듬이 생긴다. 특히 나는 프리랜서로 일하는 만큼 이런 식으로 요일 감각을 잃지 않도록 주의를 기울인다.

✓ 언제 할 것인가. 철저하게 구체적으로 정하는 것이 중요하다!

없는 시간은 아침에 만든다

그럼에도 역시 시간은 부족하기 짝이 없다.

시간이 없다. 역시 이 점이 어떤 일을 꾸준히 지속하지 못하는 가장 큰 원인이다. 그렇지 않아도 시간이 부족한데 이 이상 뭘 어찌하라는 말인가.

없는 시간을 어찌할 것인가. 그렇다면 만들 수밖에 없다.

없는 시간을 만드는 방법… 그건 바로 일찍 일어나기다.

'없는 시간'은 아침에 만들어야 한다.

2시간이 필요하면 2시간 일찍 일어난다. 만약 아침 6시에 집을 나서야 한다면 4시 전에 일어나면 된다.

어쨌든 필요한 시간만큼 일찍 일어나면 된다.

'시간은 아침에 만든다'.

시간을 만드는 방법은 오직 이것뿐이다.

아무도 일어나지 않는 시간에 잠시나마 나를 위한 시간을 만드는 것이다. 5분이어도 좋다. 그런 다음 하고 싶은 일을 5분 크기로 분해한다. 그러면 뭔가 '작은 일' 하나 정도는 충분히 시작할 수 있다.

평소보다 5분 일찍 일어나기.

이 정도면 거뜬히 해낼 수 있지 않을까?

우선은 5분. 나 자신을 위해 일찍 일어나 보자. 일찍 일어나는 데 익숙해지면 이번에는 5분 더 일찍. 그렇게만 해도 두 가지 일을 할 수 있다. 조금씩 시간을 늘려 아침에 30분씩 아무에게도 방해받지 않는 나만의 시간을 확보하면 제법 많은 일을 할 수 있다.

나는 이렇게 시간을 확보해서 인생의 보람과 만족감이 폭발적으로 커지는 아침 시간 사용법을 찾았다.

아무튼 하루 5분. 아침에 일찍 일어나 자기 자신을 위한 시간을 만드는 것부터 시작해 보자.

√ 우선 5분 일찍 일어나는 것부터 시작하자.

기록으로 즐거움을 더한다

꾸준히 하기 위해 절대 빠트려서는 안 되는 일.

바로 '기록'이다.

뭔가 작은 일 하나를 시작한다.

매일 스쿼트를 열 번 한다.

다 하고 나면 달력에 동그라미를 친다.

스쿼트용으로 작은 달력을 준비한다. 달력을 잘 보이는 곳
에 둔다. 달력이 점차 동그라미로 가득 찬다. 한 달 내내 동
그라미를 그리고 나면 기분이 날아갈 듯 기뻐진다.

하고 나면 기록을 남긴다. 하지 않은 날은 '하지 않은 이유'를 한마디 적으면 된다.

그렇게 날마다 빠짐없이 기록을 남긴다.

'기록'은 꾸준함을 낳는다.

사실 기록을 한다면 이미 꾸준함은 실현되었다 해도 과언이 아니다. 기록만 열심히 하면 계속하는 것쯤 누구나 쉽게 할 수 있기 때문이다.

지금 자신이 매일 하는 일을 그저 기록하면 된다.

예를 들어 아침에 일어나 물을 마시는 습관이 있다면 어떨까. 이미 자연스레 하고 있다면 그저 기록하기만 하면 된다.

물을 마시고 나면 달력에 동그라미를 치는 것이다. 그러면 '계속한다는 의식'이 생긴다.

그것만으로도 충분하다. 첫걸음을 내디디면 그다음은 쉽다.

동그라미를 친 김에 오늘의 목표를 달력에 짧게 적어보자.

이렇게 새로운 '작은 일' 하나를 시작하면 된다.

'기록하기'는 꾸준함을 위한 첫걸음이다.

그리고 꾸준히 하는 일은 기록을 통해 한결 더 즐거워진다.

책, 만화, 게임, 프라모델, 아이돌 굿즈, 영화 관련 상품 등 무언가를 수집하는 일은 매우 즐겁다. 사람들은 좋아하는 것을 열심히 모으고 선반을 좋아하는 물건으로 가득 채운다. 좋아하는 물건이 늘어날수록 기쁜 마음이 가득 차오른다. 수집이란 이처럼 기쁘고 즐거운 일이다.

말하자면 기록은 꾸준함을 일종의 수집으로 만드는 행위다. 꾸준히 하는 것을 눈에 보이게 만들어 줄 뿐만 아니라, 기록 자체의 즐거움이 의욕까지 높여주므로 아주 대단한 방법이 아닌가.

기록은 되도록 저절로, 자연스럽게 하도록 만드는 것이 좋다. 예를 들어 매일 아침 하늘을 사진에 담는다면, 찍은 사진을 날마다 인스타그램에 올려보자. 하늘 사진만 올리는 전용 계정도 따로 만들면 좋다.

저절로 '아침에 눈을 떴을 때 보이는 하늘'이라는 컬렉션이 완성된다.

평소에는 집에서 보는 하늘, 가끔은 여행지나 다른 낯선 곳에서 보는 하늘도 섞인다. 나만의 하늘 컬렉션이 뚝딱 만들어진다.

이처럼 기록은 자신이 꾸준히 하는 일을 컬렉션으로 만들어
준다.

'꾸준함'을 쉽게 만드는 것이 '매일 하기'라면, '꾸준함'을 즐
겁게 만드는 것은 '기록'인 셈이다.

✓ 꾸준히 하는 즐거움이 기록으로 어마어마하게 커진다.

점을 선으로 이으면 하루가 바뀐다

'작은 일'을 하는 데 익숙해지면, 무리하지 않는 선에서 가짓
수를 조금씩 늘려보자. 다만 조바심을 내느라 너무 많이 하
려고 들어서는 안 된다.

아침마다 5분 독서를 하기 시작했다면 반년 동안 계속해 본
다. 그리고 반년 후 외국어 공부를 5분 추가하는 것이다.

이처럼 작은 일들을 하나씩 조합하고 실천할 타이밍을 정하
면 된다. 두 가지 일 사이에 2분간 새로운 일을 넣는 식으로
말이다. 조합한 습관들 사이에 조금씩 새로운 '작은 일'을 끼
워 넣는다.

그렇게 새로운 일들을 하나하나 연결한다.

무리해서 늘리려 해서는 안 된다. 몇 개월이든 몇 년이든 시간을 충분히 들여 조금씩 늘리면 충분하다. 막상 늘려보니 안 되겠다는 생각이 들 때는 바로 그만두면 된다.

나는 매일 아침 이런 '작은 일'들을 연결해서 하나의 자연스러운 루틴을 만들었다.

아침에 일어나면 물을 한 잔 마신다. 베란다 문을 열고 바깥으로 나가 사진을 찍은 다음, 사진을 인스타그램에 업로드한다. 그날 기온을 알아맞히는 퀴즈를 하고서 손을 모아 어제 하루에 대한 감사와 오늘 하루를 향한 인사를 한다. 심호흡을 하고 스트레칭을 한 뒤 방으로 돌아가 체온계로 체온을 재고 기록한다. SNS와 인터넷으로 뉴스를 체크하고 기획거리를 찾아 메모한다. 5분간 명상을 하고 스마트폰 게임을 하며 커피를 내린 뒤 작업실로 들어가 일을 시작한다.

내가 눈뜨고 일어나서 대략 20분 사이에 마치는 아침 루틴이다. 이런 흐름을 날마다 반복한다. 이 루틴은 업무에 임하기 위한 일종의 필수 단계가 되었다. '업무'라는 가장 어렵고도 험난한 고비로 자기 자신을 데려가려면 이렇게 단계를 밟아나가는 과정이 무척 중요하기 때문이다.

물론 모든 과정에는 의미가 있다.

처음에는 의도하지 않았으나 계속하다 보니 의미를 발견한 것도 있다. 의미는 없지만 탄력을 얻는 데 아주 중요한 역할을 하는 단계도 있다.

이해하는 사람은 오직 나뿐이지만, 확실히 효과가 있는 프로그램. 이런 구성을 스스로 만들어 나가는 과정이야말로 무언가를 즐겁게 계속하는 묘미라 해도 과언이 아니다.

'작은 일'들을 '점'이 아니라 하나로 잇는 '선'으로 생각하자.

아무리 시시하고 쓸데없는 일이라도 상관없다.

날마다 스마트폰 게임을 켜는 일 따위는 솔직히 말해 하든 말든 그리 중요하지 않다. 하지만 흐름 속에 포함되는 순간 의미가 생긴다. 다음 행동의 스위치를 켜는 동작이 되는 것이다. 하나일 때는 잊어버리기 쉽지만 세트가 되면 잊지 않고 지속할 수 있으며, 흐름을 만들어 두면 새로운 일을 더 쉽게 시작할 수 있다.

새로 시작하고 싶은 일을 이미 존재하는 흐름 속에 살며시 끼워 넣으면 된다. 그렇게 루틴을 고치면서 하루하루의 습관을 조금씩 업데이트한다.

그러려면 무리하지 않는 범위 안에서 하나씩 작게 시작하는 것이 중요하다. 욕심내서 과도하게 하면 오래 지속하지 못하기 때문이다.

막상 해보니 좀 번거롭다든지 매일 하기는 어렵겠다는 생각이 들 때는 그만둘지 더 쉬운 방법으로 바꿀지 궁리해 보자. 억지로 계속하려고 들면 결국 금방 그만두기 마련이다.

앞으로도 꾸준히 계속할 수 있는 범위에서 할 수 있는 일을 매일 부단히 반복하자. 그리고 충분히 익숙해진 다음 조금씩 무게를 더하자.

두꺼운 책을 조금씩 읽어본다든지, 춤 연습을 해본다든지, 시를 써본다든지, 블로그에 글을 써본다든지, 자신에게 조금 어렵게 느껴지는 '작은 도전'을 하루 루틴 속에 조합해 나가는 것이다.

그렇게 더하고 빼면서 자기 나름의 루틴을 만들면 된다. 가끔 조각이 딱 들어맞을 때는 날아오를 듯 기분이 좋아진다.

✓ 작은 점들을 이어 선을 만든다.

구조를 만드는 아주 간단한 방법

2장의 내용을 간추리는 대신 준비했다. 꾸준히 하는 체질을 만들고 습관의 틀을 구축하는 아주 쉬운 방법을 알아보도록 하자.

무조건 이 방법을 따를 필요는 없다. 오히려 따라 하지 않는 편이 좋을지도 모른다. 공략법을 스스로 찾아야만 응용력을 더욱 갈고닦을 수 있으니까.

다만 분명 힌트는 될 테니 참고로 삼기를 바란다.

1. 꾸준히 하는 체질을 만든다

아침에 일어나자마자 할 수 있는 '작은 일'을 시작한다.

별다른 습관이 없는 사람은 뭐든 좋으니 한 가지를 시작
해 보자. 아침에 눈뜨자마자 바로 할 수 있고 금방 끝나
는 일. 거기다 날마다 할 수 있는 일일수록 좋다.

예시 일어나자마자 물 한 잔 마시기

※ 맨 처음 하는 행동은 스마트폰 게임 같은 일보다 중독
성 없는 일이 좋다.

두 가지를 세트로 묶는다. 하는 김에 기록도 한다.

예시 물 마시기 + 메모장에 날짜 쓰고 체크하기

일주일에 7일, 매일 계속한다.

하루도 거르지 않고 매일 한다. 오늘 하면 내일도 한다.
당분간 계속한다. 어렵지 않은 데다 일주일만 꾸준히 해
도 기분이 좋아질 것이다.

2. 하나를 더한다

'5분 안에 할 수 있는 일'을 추가로 해본다.

예시 물 마시기 + 메모장에 체크하기 + 메모장에 5분 동안 어제 하루에 관한 일기 쓰기

이것도 일주일에 7일, 매일 한다.

전보다 난이도가 조금 높아졌다. 우선 3주 동안 꾸준히 해본다.

3. 새로운 일을 추가한다

첫 번째 세트가 자리를 잡으면 한 가지 더 추가한다.

예시 물 마시기 + 메모장에 체크하기 + 메모장에 5분 일기 쓰기

더하기 영어 단어 책 펼치고 단어 하나 외우기 + 스마트폰에 단어 적어두기

거르지 않고 매일 한다.

자연스레 계속할 수 있게 될 때까지 꾸준히 한다.

익숙해지면 또 '5분 안에 할 수 있는 일'을 추가한다.

예시 물 마시기 + 메모장에 체크하기 + 메모장에 5분 일기 쓰기

+ 영어 단어 외우기 + 스마트폰에 기록하기

더하기 5분 동안 영어 문장 공부하기

이렇게 해서 10분이 조금 넘는 길이의 루틴이 완성된다.
이 루틴을 정해진 순서대로 하루도 빠짐없이 매일 계속한
다. 3개월 정도 꾸준히 하면 좋다.

4. 무게를 더한다

익숙해지면 새로운 습관을 추가한다.

루틴에 적응했다면 무게를 조금씩 더해본다.

예를 들어 5분간 공부를 한 다음 블로그에 글 쓰는 시간
을 15분 마련해 보는 것도 좋다.

조금 부담스럽게 느끼지는 일에 도전해 보는 것이다. 부
담이 지나치게 크면 방식을 바꿔도 좋다. 다만 조금 노력
하면 할 수 있을지도 모른다는 느낌이 드는 정도가 가장
알맞다.

이렇게 무게를 더하거나 새로운 '작은 일'을 추가하면서 단계를 하나둘 늘려보자.

나는 시작하는 타이밍을 아침에 일어났을 때로 설정했지만, 시작하는 타이밍은 점심 식사를 한 뒤나 양치질을 한 뒤여도 상관없다.

'매일 꼭 하는 일'을 시작점으로 삼는 것이 중요하다. 그중에서도 '아침 기상'은 늘 저절로 찾아오는 일이니 시작점으로 삼기 가장 적합하다.

아침 일찍 뭔가를 하기가 어려운 사람은 타이밍을 조금 달리해서 루틴을 만드는 것도 괜찮은 방법이다.

다만 매일 꼭 하는 일에 덧붙여서 의식적으로 '꾸준히' 하는 일을 한 세트 정도는 반드시 실천하기를 권한다.

"물을 마신 다음 메모장에 기록하기. 그리고 일기 쓰기."

이렇게 시작점을 결정했다면 그것만은 반드시 거르지 말아야 한다. 무슨 일이 있어도 꼭 지켜야 한다. 그러면 무언가 새로운 일을 시작할 때 시작점으로써 강한 효과를 발휘하게 된다.

우선은 어떤 일 하나만 있으면 된다. 그다음 의식적으로 계속하는 '작은 일'들을 모아 세트를 만들자. 거기서부터 시작해 보자.

√ '계속하는 일'들을 짝지어 하나의 세트를 만든다.

이어 붙이고 붙여서 루틴 만들기

오랫동안 다양한 일을 하나둘 쌓아 올려 꾸준히 해온 결과, 아침에 온갖 일을 모아서 해결하는 생활 방식이 생겨났다. 사소한 일들을 포개고 포개 매일 빠짐없이 반복하는 '루틴'을 만든 것이다.

나는 사소한 일들을 게임처럼 차곡차곡 클리어해서 오늘 하루의 중요한 일과 꼭 해두고 싶은 일들을 아침 식사 전에 모두 끝마치는 습관을 체화했다. 루틴을 날마다 빠짐없이 실천하게 된 뒤로 나의 인생은 전과 비교도 할 수 없을 만큼 충실해졌다.

하루가 시작됨과 동시에 출발해서 하루에 해야 할 일을 오전 중에 모두 끝낸다. 이것이 내 취미의 결정체라 해도 과언이 아니다.

몇 년 전(2019년) 이 루틴이 인터넷 뉴스 기사에 소개되며 크게 화제를 모은 적이 있다. 그때 '괴물 루틴'이라는 이름이 붙었다.

그때 이후로 시간이 흐르면서 내 루틴에도 제법 많은 변화가 생겼다. 루틴은 날마다 변화한다. 사소한 습관들이 새로이 생겨나고 그사이 내가 필요 없다고 생각한 습관들은 사라진다.

다만 실제로는 제외한 습관은 거의 없고 작은 습관들이 수도 없이 늘어났다.

시간이 지난 지금은 어떤 루틴이 되었는지 대강 훑어보도록 하자. 내가 오전 중에 어떤 일들을 마치는지 간략하게 써보았다.

'아침 식사 전' 루틴

먼저 기상은 대부분 4시경이다. 다음은 4시에 일어났다고 가정했을 때의 예시다.

아침의 첫 번째 루틴

04:00~04:20 준비하는 시간

▼ **페트병 뚜껑 열고 물 마시기**

▼ **밖(베란다)으로 나가기**

▼ **하늘 사진 찍기**

▼ **찍은 사진을 인스타그램에 올리기(#모닝루틴 #아침하늘)**

▼ **기온 추측해 보기 → 스마트폰으로 확인하기 → 결과를 스마트폰에 기록하기**

▼ **정해둔 방향을 향해 서서 손 모으기 → 어제 하루에 대한 감사인사 하기 → 오늘 하루를 맞이하며 인사하기 → 심호흡 세 번**

▼ **스트레칭하기(3분 정도)**

▼ **방으로 돌아가기 → 체온 측정 → 기록하기**

▼ **SNS와 뉴스 체크하기 → 기획 구상하기(10분 정도)**

▼ **5분간 명상**

이것으로 첫 번째 루틴 완료(여기까지 하는 데 대개 20~30분 소요). 그다음 스마트폰 게임을 하며 커피를 내린 뒤 책상으로 이동한다.

아침 업무 처리
04:20∼08:30 가장 먼저 중요한 일을 모두 끝마침

▼ **작업용 책상으로 이동 → 녹화한 애니메이션이나 드라마 켜기**

기본적으로 늘 애니메이션이나 드라마를 보며 작업한다 (대부분 아침 업무를 처리하는 사이 드라마 한 편이나 애니메이션 네 편 정도를 봄).

▼ **어제 한 일 체크하기**

취미든 업무든 오늘 하고 싶은 일을 항목별로 적어두었다가 다음 날 했는지 못 했는지 체크한다.

▼ **오늘 아침 안에 끝낼 일들 모두 적기 → 순서 정하기**

순서를 정한 뒤에는 그 순서대로 일을 모두 마치고 체크해 나간나.

대부분 이런 내용

- 어제 조금 남겨두었거나 밤에 온 메일에 답신하기
- 쉽게 금방 끝나는 일 한 가지 처리하기(전날에 남겨둔 일)

- 하루 한 권, 읽은 책에 관해 SNS에 글쓰기
- 지금 온전히 집중해서 해야 할 일들 모두 끝내기(새로운 디자인 시안 작성, 시안 다듬기 등 매일 두세 가지 작업을 진행. 이 부분이 주요 업무다).
- 매일 사진 한 장 골라 현상하기 + '하테나 블로그'에 글쓰기(사진과 영화 리뷰 등)
- 마감이 정해져 있지 않은 작업 진행하기(매일 조금씩이라도 꼭 진행)
  ※ 이 책은 매일 이 시간에 조금씩 집필해서 완성했다.

일을 모두 마치는 시간은 맡은 업무의 양에 따라 달라지지만, 대부분 8시 반에서 9시 무렵에 마무리된다. 빠르면 7시 반에 끝날 때도 있고 일이 너무 많아서 늦어질 때는 11시까지 걸리기도 한다.

아무튼 오늘 '해야 할 일'은 모두 이 시간에 끝낸다.

아침에 일어나면 우선 몽땅 해버리기! 그러면 하루에 쓸 수 있는 시간이 엄청나게 길어진다.

그다음은 오후가 되기 전까지의 루틴이다.

▼ 어제 하루 중 '좋았던 점'을 스마트폰 메모장에 적어두기

▼ 하루에 한 화씩 만화 읽기

▼ 시 읽기 → 직접 시 한 편 짓기

▼ 일기장에 오늘의 미래일기(내가 바라는 하루)를 손글씨로 쓰기

▼ 위핏으로 운동하기: 체중 측정과 팔 굽혀 펴기 + 복근 운동

(5000일 이상 꾸준히 실천 중)

▼ 영양 보충: 낫토와 요구르트와 우유

▼ 트레이닝 기기 '식스패드'로 복근 단련하기

식스패드를 사용하면서 게임하기

- 닌텐도 스위치로 〈드래곤 퀘스트 X〉 플레이하기(일일 퀘스트와 주간

퀘스트, 시련의 문 등 정해진 과제)

- 닌텐도 스위치로 〈동물의 숲〉 플레이하기: 가장 좋아하는 주민 '라라

미'에게 매일 선물하기 + 둘이서 기념 촬영

- 플레이스테이션5로 장편 게임 플레이하기: 하루 15분씩(조금씩 목표

달성)

▼ 고강도 인터벌 트레이닝HIIT: 하루 4분, 한 번에 신체에 부담을

가하는 고강도 근력 운동하기

▼ 정해진 장소 관측하기: 매일 베란다에서 보이는 같은 장소를 같

- 은 위치에서 촬영하기
- ▼ 양치질(이를 닦으며 스마트폰 게임하기)
- ▼ 여러 종류의 영양제 먹기
- ▼ 운동복으로 갈아입기
- ▼ 청소하기(요일마다 다른 곳)
- ▼ 춤 연습하기(하루 5분, 1년에 한 곡씩 안무를 마스터)
- ▼ 조깅하기(라디오를 들으며 하루에 4.2킬로미터)
- ▼ 샤워하기
- ▼ 하루 한 권 책 읽기(그 밖에도 읽어야 할 책이 있으면 조금씩 읽기)

이런 루틴을 12시쯤 마무리하는 것이 가장 이상적이다. 루틴이 끝난 다음에는 천천히 아침 식사를 한다.

독서며 근력 운동이며 블로그 쓰기며 업무며 온갖 일들이 아침 식사를 하기 전에 모두 끝난다. 그날 해야 할 일이나 하고 싶은 일은 오전에 전부 마무리되는 셈이다.
이런 과정을 일주일에 7일, 매일 계속한다.

하루 중 아침에는 특히 머리가 맑고 낙천적이라고 한다.
도쿄대 학생들에게 가장 많이 팔렸다는 도야마 시게히코의

《생각의 도약》이라는 책에도 아침 식사 전에 어떤 일을 하는 것이 얼마나 효율적인지 쓰여 있다.

> 흥미롭게도 아침의 두뇌는 낙천적이라 한다. (중략) 대단한 위인만큼 일찍 일어나지는 못하지만, 가능하다면 아침이 지나기 전에, 아침을 먹기 전에 되도록 많은 일을 하고 싶다.

모든 것은 아침 식사 전에! 하루 동안 해야 할 일들은 아침밥을 먹기 전에 모두 끝내버리자! 그리고 오후부터 새로운 하루를 시작하는 것이다. 그러면 짧았던 하루가 두 배가 된다.

물론 꼭 이렇게까지 할 필요는 없다. 어떤 방법이든 응용하기 나름이니까. 예를 들어 출근하기 전에 30분 일찍 일어나서 취미에 몰두하는 시간을 만든다든지, 프리랜서로 일하는 사람이라면 오전 중에 중요한 일거리를 모두 끝마치고 오후에는 새로 시작하는 일에 관해 조사하는 시간을 갖는다든지. 이렇게 아침 습관을 빈틈없이 디자인하면 하루의 가능성이 몰라보게 커진다.

내 경우에는 오후에 수없이 많은 업무에 대응하느라 바쁘지만, 오전 중에 정말 중요한 일을 모두 끝내두기 때문에 새로 발생한 일만 처리하고 나면 시간을 자유롭게 쓸 수 있다. 이른 시간부터 영화를 보러 가거나, 오후에 처리할 업무가 적으면 멀리 나가서 사진을 찍기도 한다. 이처럼 아침에 모든 일을 끝내버리면 몇 배나 더 알차고 보람 있는 하루를 만들 수 있다.

✓ 중요한 일은 아침밥을 먹기 전에 모두 끝낸다.

꾸준히 계속할 수 있는 습관의 '구조'를 빈틈없이 디자인한 끝에 발견한 쉽고 확실한 방법!

- '매일 한다'고 마음먹는다.
- 사소한 일 두 가지를 '세트'로 묶는다.
- '언제 할지' 구체적으로 정한다.
- 간단한 '기록'을 남긴다.
- '작은 일'을 이어서 흐름을 만든다.

Chapter 3

꾸준 하면

'끝까지 해내는 힘'이
생긴다

언제든 그만둬도 괜찮다고 생각한다

"매일 한다고 마음먹는다!"

2장의 첫머리에서 이렇게 이야기했다.

너무 바로 말을 뒤집는 것 같지만, 그렇다고 정말로 '매일 계속해야지!'라고 생각하지는 않아도 된다.

중요한 점은 '매일 한다'고 정해두는 것이다.

하지 못하는 날은 하지 않아도 된다. 무리해서 계속해 봤자 괴롭기만 할 뿐이고 지나치게 애를 쓰면 오래 이어지지 않는다.

꾸준히 한다는 것은 다르게 말하면 '그만두지 않는다'는 말이다. 그만두지 않으면 계속하게 된다.

어떻게 해야 그만두지 않고 꾸준히 할 수 있을까?
방법은 바로 '언제든 그만둬도 괜찮다'고 생각하는 것이다.

어떤 일이든 하루도 빠짐없이 '계속해야 한다'고 생각하면 급격히 힘들어진다.
예전에 살이 쪄 체중이 불어났을 때 몸무게를 줄이려고 풋콩으로만 저녁을 해결한 적이 있다.
그때 '이걸 언제까지 계속해야 할까?' 싶더니 몹시 넌더리가 났다. 이런 짓을 언제까지 계속해야 하나, 그렇게 생각하면 꾸준히 지속하는 시간이 어마어마하게 길게 느껴진다. 그래서 이렇게 생각하기로 했다.
'그만두고 싶어지면 그만둬야지.'
내일 저녁은 맛있는 걸 먹자는 생각으로 스스로를 달래며 날마다 풋콩을 먹었다. 20대 시절의 이야기다.
'언제든 그만둬도 상관없다'고 생각하면 훨씬 편안한 마음으로 계속할 수 있다는 사실을 이때 깨달았다.

그 무렵 어떤 일을 겪으며 이 사실을 더욱 뼈저리게 느꼈다.

20대 시절, 나는 한 회사에 몸담고 있었다. 신문사에서 무크지를 편집하는 일을 했다.

20세기의 끝이 코앞으로 다가온 시기였다. 20세기 역사를 간추린 무크지 시리즈를 출간하는 신문사 프로젝트에 참가했고 내가 편집을 맡았다. 100년간 있었던 다양한 일들을 조사하고 한데 모으는 작업이었다. 기획 구상하랴 자료 모으랴 사진 찾으랴 원고 의뢰하랴 취재 나가랴 매우 바쁘게 각양각색의 일을 처리해야 했다.

고된 직장이었기에 모두 도중에 회사를 떠나갔다.

나는 어찌어찌 버텼지만 3년째가 되었을 때 업무 강도가 견딜 수 있는 수준을 넘어서서 정신적으로 힘든 지경에 이르렀다.

밥을 먹어도 맛이 느껴지지 않았다. 퇴근하는 지하철에서 의식을 잃고 쓰러지고, 머리에 비듬이 잔뜩 생겨서 걸을 때마다 어깨에 눈처럼 쌓이기도 하고, 갑자기 배가 아파 움직이지 못하는 등 몸에 자꾸 문제가 생겨서 스트레스 덩어리 같은 상태가 되었다.

날마다 일을 그만두고 싶다고 생각했다.

출근길 지하철이 회사가 있는 역에 가까워질수록 두통이 심해지고 이대로 영영 도착하지 않았으면 좋겠다는 생각이 불쑥 솟았다.

하지만 그만둘 수는 없다고, '해야만 한다'고 생각하며 계속 일했다.

너무 힘들어서 친구에게 털어놓았더니 이런 말이 돌아왔다.

"그만두면 되잖아. 지금 당장 그만둬."

어안이 벙벙할 정도로 당연하다는 투였다. 그 한마디에 별안간 마음이 편해졌다.

"아, 그만둬도 되는구나."

'언제든 그만둘 수 있다'고 생각하니 힘들고 고되기 그지없던 일이 조금 쉽게 느껴졌다.

오늘 할 일을 해내고 나면 그만둬야겠다고 마음먹었더니 마음이 편안해져서 결국 그만둘 필요가 없어졌다. 매일 '내일은 그만둬야지!'라고 생각했더니 끝까지 해낼 수 있었다.

4년쯤 걸리는 프로젝트였는데, 끝까지 근무하고 프로젝트가 끝난 뒤 무사히 회사를 나왔다.

그때 깨달았다.

'계속해야 한다'고 생각하면 괴로워진다.

'언제든 그만둬도 괜찮다'고 생각하면 어떻게든 된다.

조금 다른 예일 수도 있지만, 흰곰 실험과 비슷할지도 모른다.

북극곰의 하루를 기록한 50분가량의 비디오를 본 뒤 실험에 참가한 사람을 세 그룹으로 나누어 다음과 같이 지시했다.

첫 번째 그룹에게는 "흰곰을 기억하세요."

두 번째 그룹에게는 "흰곰을 생각하든 생각하지 않든 상관없습니다."

세 번째 그룹에게는 "흰곰을 생각하지 마세요."

1년 뒤 비디오의 내용을 얼마나 자세히 기억하고 있는지 조사해 보니 세 번째 그룹에 속한 사람들의 성적이 가장 좋게 나타났다.

흰곰을 생각해서는 안 된다는 말이 오히려 흰곰을 떠올리게 만든 셈이다. 이처럼 사고를 억제하려 하면 오히려 사고가 활성화된다.

'기억해 두려고' 하기보다는 '잊어버리려고' 하는 편이 더 기억에 남는다.

이런 현상을 심리적 반발Psychological Reactance이라고 부른다.

어떤 일이든 계속해야 한다고 생각하지 않고 그만둬도 괜찮다고 마음먹어야 오히려 더 꾸준히 할 수 있다.

"매일 한다"와 "언제든 그만둬도 괜찮다"를 늘 세트로 갖추는 것. 이것이 싫증 내지 않고 꾸준히 해나가는 비결이다.

✓ "매일 한다"와 "언제든 그만둬도 괜찮다"를 세트로 만든다.

하는 척만 해도 성공이다

아무리 생각해도 하고 싶지 않은 날이 있다.

도무지 할 마음이 들지 않는 날…. 나도 그런 날이 있다.

그럴 때는 어떻게 해야 할까.

그런 날은 하는 척만 한다.

예를 들어 조깅을 하러 나간다면, 운동복으로 갈아입고 현관을 나서는 것까지만 해본다. 거기까지 하고 끝낸다.

청소를 한다면 우선 청소기를 손에 들기만 한다.

일기를 쓴다면 펜을 들고 일기장을 펼치는 데까지만 한다.

하는 척만 하겠다고 마음먹고서 행동을 하는 '척'하면 된다.

그런데 참 신기하게도 한번 가까이 접근하면 의외로 그다음 단계까지 쉽게 해내게 된다.
오늘은 현관을 나서는 것까지만 한다고 마음먹어도 막상 바깥에 나가면 나온 김에 조금만 뛰어보자는 생각이 든다. 달리다 보면 어차피 여기까지 달렸으니 끝까지 달려야겠다는 마음이 들어서 결국 완주하게 된다.

하는 척만 하고 더 하고 싶지는 않다면 그래도 상관없다.
하려고 시도한 자신을 칭찬해 주고 끝내면 된다.
하려고 시도한 것만으로도 100점!

'하고자 하는 마음'은 어떻게 해야 불러일으킬 수 있을까?
'하고자 하는 마음'은 그냥 '하면' 생긴다고 한다. 뇌과학 책에 그렇게 쓰여 있다. 하지 않으면 생기지 않는 것이 바로 하고자 하는 마음, 의욕이다.
'하고자 하는 마음'을 가지려면 '하는' 수밖에 없다.
그야말로 영원한 역설이다.

그러니 처음 한 걸음만 내디뎌 보자.

하려고 하지 말고, 복잡하게 생각할 것 없이, 그저 손만 살짝 대보면 된다. 그것만으로도 충분하다.

만약 '의욕을 부르는 스위치'가 존재한다면, 그건 '하는 척하기'일지도 모른다.

몽땅 다 제대로 하려고 마음먹지 않는다.

그저 하는 척만 한다.

이것이 손쉽게 의욕의 스위치를 켜는 비결이다.

✓ 하는 척하면 저절로 시작된다.

마법 같은 말, "내일 쉬자"

아무리 노력해도 의욕의 스위치가 켜지지 않는 날.

있다. 누구나 그런 날이 있기 마련이다.

심지어 하는 척하기조차 귀찮아 몸서리를 친다.

특히 새로운 일을 시작했는데, 아직 적응이 되지 않았을 때
가 그렇다.

그런데 그럴 때일수록 그 일을 꼭 해야만 하는 날도 있다.

꾸준하다는 것은 그만두지 않는다는 뜻이다.

그러려면 되도록 '예외'를 만들지 않는 것이 좋다.

오늘은 바쁘니까.

오늘은 모처럼 여행을 왔으니까.

오늘은 다른 할 일이 너무 많으니까.

오늘은 영 할 기분이 아니니까.

오늘은 컨디션이 좀 안 좋으니까. 오늘은 숙취가 심하니까.

자꾸만 이렇게 저렇게 쉬고 싶은 날이 나타난다.

상대하기 아주 까다로운 녀석이다.

자칫 방심하면 예외인 날이 점점 늘어나기 때문이다.

그러므로 적어도 '당연히 한다'는 생각이 자리 잡을 때까지
는 여행 중이든 명절이든 가능한 한 '예외'를 만들지 않는다.

엄격하게 들릴지도 모르지만, 결과적으로는 예외 없이 매일
하는 것이 훨씬 편하다.

그럼에도 도무지 하기가 싫을 때는 이렇게 말해보자.

"쉬려면 내일 쉬자! 오늘은 하자!"

내일은 쉬자.

그렇게 생각하면 마음이 가벼워진다.

'내일 쉬자!'라는 생각으로 오늘을 이겨낼 수 있다.

매일매일 그렇게 선언해 보자.

그러면… 신기하게도 매일 하게 된다.

내일 '쉰다'는 보상을 매일 눈앞에 매달아 두는 셈이다.

그러다 가끔씩 정말로 상을 주면 내면의 자신이 아주 기뻐하니 나의 바람도 적절히 이루어 주면서 꾸준히 해나가자.

특히 사소한 일은 하든 하지 않든 느낌이 비슷해서 대충 건너뛰어도 상관없지 않나 싶을 때가 있다.

하지만 '사소한 일'이기에 오히려 예외를 만들지 않는 것이 무척 중요하다. 사소한 일일수록 거듭 쌓아가는 과정이 중요하기 때문이다.

여행을 떠났을 때도. 열이 조금 날 때도.

예외 없이 오늘 하루를 소박하게 쌓아 올린다.

만약 쉬는 날이 있다면 그건 늘 내일이다.

오늘만은 꼭 해내야 한다. 사소한 일일수록 더더욱 그렇다.

✓ "내일 쉬자!"는 하루하루를 지키는 강력한 한마디다.

가끔 현실 도피도 필요하다

몸의 피로를 풀려면 휴식이 필요하다.

그렇다면 마음의 피로는 어떻게 해야 덜어낼 수 있을까?

할 일이 많고 바쁠 때는 마음이 조마조마하고 점점 더 여유
가 없어진다. 그런데 일을 하다 보면 1초도 함부로 쓸 수 없
을 만큼 바쁠 때가 있다. 너무 바빠 조바심이 나고 마음이 지
칠 때는 느긋하게 쉬는 것이 좋겠지만, 그만큼 푹 쉴 시간이
있을 리 만무하다. 2시간 정도 눈 붙이기? 물론 그런 선택지
도 있다.

하지만 내가 추천하는 방법은 그럴 때일수록 2시간 정도 쓸데없는 일을 해보는 것이다.

가끔 지나치게 바쁜 시기가 찾아온다. 매일 아침 4시에 일어나 밤늦게까지 일하지 않으면 도무지 끝이 보이지 않을 정도로 바쁘다. 완전한 과포화 상태다.

그런 생활이 계속되면 점점 마음이 해지다 못해 너덜너덜해진다. 마음이 닳아 없어진다. 바쁠 '망忙' 자 속에 마음心을 잃는다亡는 글자가 담긴 이유를 몸소 깨달았다.

며칠이고 집 안에만 틀어박혀 일에만 매달리다 보면 끝내 마음이 조금 고장 난다. 지끈지끈 머리가 아프고 이상한 불평불만을 블로그에 썼다가 지우고….

그럴 때는 근처 영화관의 상영 시간표를 검색해서 집에서 빨리 뛰어가면 아슬아슬하게 시간이 맞을 듯한 영화를 찾는다. 내용도 알아보지 않고 제목도 잘 모르는 영화 티켓을 사서 실내복 위에 코트만 걸친 다음 영화관으로 달려간다. 영화의 내용 따위는 아무래도 상관없다.

밖에서 차가운 공기를 맞은 다음 전자 기기를 모두 끄고서 2시간 동안 아무 생각 없이 영화에 몰두한다.

그렇게 마음을 회복한다.

2시간을 잃는 대신, 무언가를 되찾는다.

다시 업무로 돌아갔을 때는 이미 최악의 기분에서 벗어난 뒤다.

'아아, 이거다, 이거구나. 느긋하게 쉬기보다 다른 일을 하는 편이 훨씬 도움이 되는구나.'

너무나 바빠서 자칫 마음을 잃어버릴 것 같을 때는 상관없는 일을 하며 기분을 전환해야 한다. 영화는 2시간가량의 현실 도피. 완벽한 디톡스다.

정말 바쁠 때일수록 이런 시간이 필요하다.

지나치게 바빠 정신이 괴로울 때는 다른 일, 특히 업무 이외의 일을 하자.

예를 들면 청소가 있다. 눈코 뜰 새 없이 바쁠 때일수록 시간을 들여 꼼꼼히 청소를 해보자. 그것만으로도 차분하고 평온한 마음을 되찾을 수 있다.

'바빠 죽겠는데 뭐 하는 거야?'

그런 생각이 들 법한 일을 하자.

청소, 정리 정돈, 맛있는 음식 먹기, 게임하기, 춤추기, 블로그 글쓰기, 영화 보기.

업무가 아닌 '살아가는 일'에도 충분히 시간을 들이자.

그 모든 일이 마음을 잃어버리지 않게 단단히 붙들어 준다.

일상을 온전히 살아감으로써 마음을 잃지 않도록 지키는 것이다.

뇌에 피로가 지나치게 많이 쌓이면 마음이 점점 닳아 없어진다. 뇌를 쉬게 하려면 어떻게 해야 할까? 축 늘어진 채 멍하니 빈둥거리면 좋을까? 그건 정답이 아니라고 한다.

뇌의 피로는 쉰다고 해서 없어지지 않는다. 오히려 계속 써야만 피로해지지 않는다.

뇌과학에서는 뇌를 쉬게 하려면 뇌가 거부하지 않는 쓸데없는 일을 하는 것이 좋다고 이야기한다. 쓸데없는 일을 하며 뇌를 움직이는 것. 그것이 뇌를 피로하게 만들지 않는 방법이다.

뇌가 꼭 해야만 하는 일(=스트레스 받는 일)에 사로잡히려 할 때는 하든 말든 상관없는 일에 몰두하면 뇌를 쉬게 할 수 있다. 그러니 일이 너무 힘들어 마음이 고장 날 것 같을 때일수록 아무런 도움도 되지 않는, 뇌가 거부하지 않는 일에 온 힘을 다해 몰두해 보자.

줄곧 신경은 쓰였지만 시간이 없어 방치해 두었던 단순 작업 같은 일도 좋다.

나는 평소 일하다 지칠 때면 중간중간 단순 작업을 끼워 넣는다. 디자인한 책의 리스트를 만든다든지, 너무 길게 쓴 블로그의 글을 간추린다든지.

자발적 현실 도피를 위해 '굳이 지금 해야 하나?' 싶은 일을 해보는 것이다.

그러면 '어? 지금 눈코 뜰 새 없이 바쁘지 않았나?' 하는 생각이 들 만큼 자신이 바빴다는 사실을 잊게 된다.

더 이상은 안 되겠다 싶을 만큼 한계에 달했을 때는 쓸데없는 일에 몰두하자.

분주할 때일수록 적극적으로 현실 도피를 해보라고 권하고 싶다. 1초도 허투루 쓸 수 없을 만큼 바쁜 순간일수록 적극적으로 2시간을 낭비해 보자! 2시간을 잃는 대신 반드시 무언가를 되찾을 수 있다.

✓ 적극적인 현실 도피로 자신을 되찾는다.

처음에는 최선을 다하지 않는다

어떤 일을 처음 시작할 때는 너무 최선을 다해 열심히 하지 않도록 늘 주의를 기울인다.

너무 열심히 하려고 하면 좀처럼 의욕이 생기지 않는다.

시험공부를 예로 들어보자.

"공부해야지!" 하고 단단히 마음먹으면, 자기도 모르는 사이 책상 정리하는 데 열을 올리게 된다.

공부를 해야 하는데 별안간 정리 정돈 스위치가 켜지는 것이다. 평소에는 절대 쉽게 켜지지 않는 스위치가 말이다.

정작 열중해야 할 공부를 외면하고 정리 정돈에 몰두한다. 정리하기를 전혀 좋아하지도 않으면서 갑자기 열심히 정리를 하기 시작한다.

아주 정성 들여 정리해서 책상이 깔끔해진다.

그러다 문득 깨닫는다.

시험공부는 눈곱만큼도 진척되지 않았다는 사실을 말이다.

'최선'을 다해 열중해야 할 일을 자기도 모르게 피하고 싶을 때, 우리의 뇌는 다른 스위치가 켜지도록 만들어져 있는지도 모른다.

어떤 일을 해내야 할 때는 '의욕'보다 '겸사겸사'의 힘을 이용하는 것이 훨씬 효과적이다.

정리 정돈이 목적이라면 공부라는 커다란 짐을 눈앞에 매달아 두면 된다. 자연히 공부를 피해 정리 정돈을 시작하게 되기 때문이다.

겸사겸사의 힘을 이용한다는 말은 바로 이런 뜻이다.

나에게 글쓰기란 특히 온 힘과 노력을 기울여야만 하는 일인데, '글쓰기'라는 커다란 부담이 눈앞에 있으면 디자인 작업에 아주 쉽게 돌입하게 된다. 글을 쓸 바에야 차라리 디자인을 하는 편이 낫다고 뇌가 판단하기 때문일 것이다.

글 쓰는 습관을 만들면서 새로 발견한 사실이다.

이 책을 집필하기로 결정했을 때도 '겸사겸사'의 힘을 활용했다. 사실 오래전부터 책을 쓰지 않겠느냐는 제안을 받았지만, 도무지 쓸 수 있으리라는 생각이 들지 않아서 답을 계속 보류해 왔다.

책을 집필한다고 쳐도 어떤 내용을 담으면 좋을지 주제나 구성을 고민할 여유조차 없었다.

'책을 쓸지 말지' 정한다. '책의 주제와 구성'을 생각한다. 이 두 가지가 엄청난 부담으로 다가왔다.

하지만 너무 오래 답을 미루기도 미안하니 '언제 답신을 쓰겠다'고 날짜를 구체적으로 정해두었다. 그날까지는 절대 아무것도 생각하지 않기로 했다.

그리고 정해둔 날에 답도 생각하지 않은 채 곧장 메일을 쓰기 시작했다. 메일을 쓰면서 어떻게 할지 고민했다.

과연 할 수 있을까?

답장을 쓰면서 '이런 책이라면 쓸 수 있을지도 모르겠다' 싶은 구상을 어렴풋이 상상해 보았다. 그렇게 생각해 낸 내용을 적으면서 책을 어떻게 구성할지 궁리했다.

이렇게는 할 수 있으려나? 이렇게 하면 어떨까? 아이디어가 하나둘 튀어나왔다.

보내기 버튼을 누를 즈음에는 책의 주제와 구성이 어렴풋하게나마 모양을 갖추게 되었다.

처음부터 제대로 책의 주제와 구성을 결정해야겠다고 생각했다면 책을 쓰겠다는 결단조차 내리지 못했을지도 모른다. 그저 '메일을 쓰자'는 생각으로 시작했기에 결심할 수 있었다.

"한번 써보자!"

최선을 다해야 한다는 부담감도 없이, 나는 어느새 의욕에 불타고 있었다.

✓ 처음부터 '최선'을 다하지 않아야 일이 더 술술 풀린다.

날마다 즐겁게 모험하는 법

나는 매일 아침 게임을 한다.

아주 짧은 시간, 기껏해야 15분이다.

그러나 매일 거르지 않고 한다.

〈엘든 링〉이라는 게임이 있다. 검과 마법으로 싸우며 광활한 세계를 누비는 오픈월드 액션 RPG 게임이다. 난이도가 아주 높아서(게임에 서툰 나에게는 특히나 더) '죽으면서 배우는 게임'이라 불리는데, 어려우니 죽는 것은 당연지사이고 여러 번 죽으면서 조금씩 요령을 터득하고 앞으로 나아간다. 즉, 맵이 광활하고 어려워서 엄청나게 많은 시간을 들여야 하는

'늪' 같은 게임이다.

숙련된 게이머들도 게임을 클리어하려면 50시간 이상은 걸린다고 하고 초보자에게는 100시간 이상, 아니 어쩌면 영영 깰 수 없을지도 모른다고 할 정도로 난이도가 높다. 다시 말해 하루 15분밖에 플레이하지 않는 나 같은 경우는 순조롭게 진행한다 해도 아마 1년 안에 절대 깨지 못할 것이다. 한마디로 짧게 플레이하기에는 적합하지 않은 게임이다.

아니나 다를까, 처음 시작했을 무렵엔 재미가 하나도 없었다. 뭘 해야 하는지조차 알 수 없었다. 15분 가지고는 어딘가로 열심히 걸어가서 도착하면 끝이다. 그다음 잔챙이 수준의 적에게 금방 당하고 만다. 아무것도 하지 못한다. 당연히 전혀 재미가 없었다.

이대로는 끝이 없을 듯해서 방식을 조금 바꿔보았다.

인터넷으로 검색해서 공략 힌트를 알아보고 내 나름대로 계획을 세운 다음 내일은 뭘 할지, 15분 안에 할 수 있을 법한 작은 목표를 정해서 '한 줄짜리 메모'를 쓰기로 했다.

어떤 날은 레벨만 올리는 날, 또 어떤 날은 목적지까지 이동만 하는 날…. 15분 안에 할 수 있을 만한 일을 작게 정해두었다.

다시 말해 매일 15분간 '작은 목표'를 달성하는 것이다.

그러자 갑자기 게임이 재미있어졌다.

목적지까지 이동한 다음 저장하고 마치는 날도 있는가 하면, 아이템을 얻고 끝내는 날도 있고 끊임없이 레벨만 올리는 날도 있다.

그렇게 '작은 목표'를 날마다 조금씩 쌓아 올리고 매일 꾸준히 완수했다.

그리고 한 달 후, 예전엔 전혀 상대가 되지 않았던 첫 보스를 쓰러뜨렸다. 아무리 작아도 계속 해나가다 보면 틀림없이 앞으로 나아간다는 사실을 실감했다.

이틀 동안 계속 레벨만 올리는 재미없는 작업도 아이템을 쓰기 위해서라고 생각하면 즐거움으로 바뀌었다.

그저 '구체적'으로 무엇을 할지 정하고 달성하는 것만으로도 도무지 같은 게임처럼 느껴지지 않을 만큼 재미의 질이 달라졌다.

예전에는 〈엘든 링〉이 짧은 시간 동안 플레이하기에 적합하지 않은 게임이라고 생각했지만, 이제는 어쩌면 '하루에 15분만 플레이하기'가 가장 재미있는 방법이 아닌가 하는 생각이 들 정도다.

이건 사실 대단한 발견일지도 모른다.

'즐거움'을 손쉽게 얻을 수 있기 때문이다.

단 한 줄의 메모만 있으면 된다.

내일 이루고 싶은 '작은 목표'를 적어두는 것.

다시 말해 '내일을 위해 두근두근 설레는 작은 모험을 준비해 두는 것'만으로 하루하루가 즐거워진다.

일이 있어 외출할 때는 역 근처에 가보고 싶은 메밀국숫집을 검색해서 적어둔다든지, 가본 적 없는 슈퍼마켓을 알아본 다음 처음 보는 낫토를 찾으러 간다든지.

그런 작은 모험을 만들어 보자. 옛 감성이 물씬 풍기는 찻집을 찾으러 가거나 보고 싶었던 영화의 상영 시간표를 알아보고 일정표에 적어두는 것도 좋다.

새로운 일에 도전하거나 취미를 즐길 때도 내일 시도해 보고 싶은 작은 목표를 한 줄 메모해 보자.

다음 날을 위해 뭔가 '작은 모험' 하나만 숨겨놓아도 내일이 훨씬 더 기다려진다.

하루를 드라마틱하게 바꾸는 것.

그것은 곧 한 줄의 메모다.

그리고 해낸 뒤에 나타나는 '작은 성취'다.

작은 목표 하나만으로도 하루하루가 눈부시게 빛나기 시작한다.

✓ 날마다 작은 모험을 숨겨둔다.

작은 성취로 하루를 게임처럼

'작은 성취'에는 틀림없이 커다란 힘이 깃들어 있다.
나를 움직이는 엔진은 바로 '작은 성취'다.

아침에 눈을 뜨면 창문을 열고 바깥 공기를 들이마신다.
스마트폰 게임을 한 스테이지 클리어한다.
그런 사소한 일도 다 하고 나면 성취감이 느껴진다.
일단 시작하면 반드시 끝이 나는 사소한 일을 한 가지 해보
자. 거기에서 '작은 성취감'이 싹튼다.

나는 기상하고 나면 수많은 작은 일들을 하나하나 끝마치며 아침이 가기 전에 가장 번거롭고 귀찮지만 꼭 해야만 하는 일들과 마주한다. '작은 성취'를 쌓고 쌓아 경험치를 올려서 마침내 보스를 쓰러뜨리러 가는 느낌이라고 할까.

아침 시간을 마치 게임처럼 보내고 있다.

나는 늘 이 두 가지를 염두에 둔다.

❶ 어떤 일을 하든 '작은 목표'를 설정한다.

❷ '클리어'하면 바로 다음 스테이지로 간다.

뭐가 되었든 우선은 '작은 목표'를 설정한다. 맨 처음은 확실히 달성할 수 있는 작은 목표가 좋다.

게임을 예로 들자면, 처음 스타트 버튼을 누르는 것만큼 쉽고 누구나 할 수 있는 행동 말이다. 아침에 일어나 커튼을 여는 일 같은 것도 좋다.

달성하고 나면 바로 다음 행동으로 넘어간다. 〈슈퍼 마리오〉 게임을 예로 들자면 '굼바'라는 이름의 버섯 모양 몬스터를 폴짝 뛰어 피하는 것만큼 쉬운 것으로.

커피를 내린다든지 물을 끓이며 스마트폰 게임을 한 스테이지 클리어한다든지.

그렇게 조금씩 리듬감 있게 착착 해나가면 된다.

1-2 스테이지, 1-3 스테이지로 넘어가 마지막으로 1-4 스테이지의 '쿠파'를 쓰러트리고 '키노피오'를 구해 게임을 클리어하듯이 난이도를 조금씩 올리는 것이다.

차례차례 스테이지를 공략하는 게임처럼 '사소한 일'들을 순서대로 나열해서 루틴을 만든다.

'왠지 내키지 않는 일', '번거롭고 귀찮은 일'을 마주하려면 그 전에 '작은 성취'를 게임처럼 차곡차곡 쌓아 올려야 한다. 작은 성취를 이용하면 어려운 일에도 생각보다 쉽게 대처할 수 있다.

✓ 루틴으로 하루하루를 게임처럼 만든다.

끝까지 해내는 힘은 저절로 생긴다

나는 원래 '금방 포기하는 사람'이었다.

어떤 일을 하든 꾸준히 하지 못했다.
중간에 내던지지 않고 끝까지 해내는 경우가 드물었다.

학창 시절에는 영화감독을 꿈꿨다. 큰맘 먹고 영화 각본을
써본 적도 있다. 다만 끝까지 쓰지는 못했다.
도중에 '뭔가 아닌 것 같은데…' 하는 생각이 들어서 다른 이
야기를 쓰기 시작하느라 결국 하나도 끝까지 완성하지 못했

다. 물론 영화는 한 편도 찍지 못했다. 영화 현장을 경험해보고 싶어서 실제 현장에서 조감독을 맡아본 적도 있었다. 그러나 일이 생각했던 것보다 훨씬 힘들고 어려워서 조금 하다가 금방 그만두고 말았다.

그렇게 뭐든 중간에 포기하고 마지막까지 해내지 못하는 사람이었다.

그런 내가 어느새 달라졌다.

끝까지 해내는 것이 당연해졌다.
한다고 마음먹으면 하는 사람이 되었다.

지금 이 책을 쓰는 이유도 '쓴다'고 마음먹었기 때문이다.
믿기지 않을 만큼 매일이 눈코 뜰 새 없이 바쁘면서, '내 책을 쓴다고? 절대 불가능해!'라고 생각하면서, 이렇게 매일 조금씩 시간을 내서 꾸준히 글을 쓰고 있다.
그리고 지금 누군가 이 글을 읽고 있다는 건 결국 '끝까지 해냈다'는 뜻이다.

무척 단순한 이야기다.

한다고 결심하면 매일 한다.

중간에 내던지지 않으면 언젠가는 끝이 난다.

이 단순한 생각과 행동을 매일 반복한 결과다.

절대 불가능하다고 생각했던 일도 조금씩 조금씩 계속하면, 도중에 그만두지 않는다면, 언젠가는 해낼 수 있다.

아주 많은 일을 조금씩 꾸준히 해온 끝에 깨달았다.

'작은 일'을 꾸준히 계속하면 '자신과의 약속'을 굳게 지키는 버릇이 생긴다.

약속을 지키는 버릇이 드는 사이, '끝까지 해내는 힘'이 저절로 자라난다.

'나는 끝까지 해낼 줄 아는 사람'이라는 사실을, 스스로 지켜온 약속의 숫자가 알려준다.

한다고 마음먹으면 어떻게든 끝까지 마치려고 이리저리 궁리한다. 작게 쪼개어 날마다 끊임없이 반복한다.

100점은 바라지 않는다. 50점이든 20점이든 괜찮다. 서투르고 엉성해도 좋으니 아무튼 매일 작은 일을 끝까지 해낸다.

온갖 작은 일들을 착착 끝마친다.

그러면 결과가 아무리 엉망이어도 끝까지 해보고 싶다는 마음이 자라난다.

꾸준히 하다 보니 뭐든 금방 포기하던 나에게 변화가 나타났다. 작은 일을 끊임없이 완수하는 사이 체질 자체가 바뀐 것이다. 아무리 시간이 많이 들어도 '계속하면 언젠가 끝난다'는 믿음이 생겼다.

'끝까지 해내는 것'은 '작은 끝맺음'의 연속이다.
꾸준함이 당연해지면 어떤 일이든 저절로 이루어진다.
'끝까지 해내는 것'이 당연해진다.

✓ 끝까지 하려 하기보다는 끊임없이 작은 일들을 끝맺자.

Chapter 4

꾸준 하면

달라진 '나'를 만난다

혼자서 꾸준히 해냈던 사람들

영화를 보고 돌아오는 길에 아무 생각 없이 거리를 걷는데, 피아노 소리가 들려왔다.

길가의 한 카페 앞에 놓인 피아노를 누군가 연주하고 있었다. 멋들어진 솜씨로 경쾌하고 즐겁게 음악을 연주하는 모습을 보니 이런 생각이 들었다.

'아아, 저렇게 피아노를 잘 치면 정말 좋겠다. 악기 연주할 줄 아는 사람은 참 부러워.'

하지만 생각해 보니 그 사람도 어느 날 갑자기 피아노 솜씨가 좋아진 것은 아닐 터였다.

아주 당연한 말이지만 연습하고 또 연습하고, 때로는 싫증이 나도 끊임없이 연습을 거듭한 끝에 지금 이토록 경쾌하게, 조금도 어렵지 않다는 듯이 즐겁게 피아노를 칠 수 있게 되었을 것이다.

능숙하게 피아노를 치는 모습, 즉 결과만 보고 있기에 무척 쉬워 보이고 왠지 모르게 좋아 보여 부럽다는 생각이 들지만, 사실 그것은 엄청난 노력 끝에 만들어진 결과다.

이런 생각을 한 것은 연주를 듣기 직전에 본 어느 영화 때문이었다.

그때 내가 본 영화는 〈어웨이〉라는 애니메이션이었다.

〈어웨이〉는 무척 아름다운 작품이다. 유럽의 라트비아라는 그리 잘 알려지지 않은 나라의 영화인데, 한마디로 근사한 애니메이션이다.

작품 자체도 독창적이고 완성도가 높은데, 더 놀라운 점은 당시 25세였던 젊은 감독이 혼자서 영화를 만들었다는 사실이다.

81분짜리 장편 애니메이션을 3년 반에 걸쳐 하나도 빠짐없이 혼자 만들었다고 한다. 감독도 각본도 편집도 음악도 전부 혼자서. 대사가 없어서 성우도 참여하지 않았다. 정말로 혼자서 처음부터 끝까지 완성한 영화였다.

영화가 끝난 뒤 엔딩 크레딧에는 감독 긴츠 질발로디스의 이름 하나만 나왔다.

3년 반 동안 오로지 혼자서 꾸준히 작업하다니, 얼마나 고독하고 힘든 과정이었을까.

팸플릿에 적힌 내용을 보면 매일 8시간에서 10시간씩 작업을 했다고 한다. 3년 반, 매일 10시간씩, 한결같이 작품을 만든다….

생각만 해도 정신이 아득해진다.

애니메이션을 만들다 지치면 음악을 만드는 등 다른 작업을 했다고 한다. 수면의 질을 높이기 위해 잠자리에 들기 몇 시간 전에는 반드시 작업을 마무리하고, 그럼에도 정말로 지쳤을 때는 어딘가로 여행을 떠나서 작품을 잠시 잊었다고도 했다.

매일 정해진 시간만큼 묵묵히 몰두하는 것.

하고자 하는 마음을 유지하는 비결은 오직 이것뿐이다.

그렇게 매일 혼자서 꾸준히 쌓아 올린 끝에 멋진 작품이 탄생했다.

이 영화를 보고 나서 어느 만화가 떠올랐다.

업무 회의를 하려고 만화 편집자를 만났을 때 요즘 어떤 만화가 재미있느냐고 물었더니 바로 〈임금님 랭킹〉이라는 답이 돌아왔다.

당시 이 만화는 아직 단행본으로 출간되지도 않았고 이제 막 인터넷상에서 화제를 모은 참이었다.

만화는 엄청난 기세로 사람들에게 알려졌고 나도 바로 읽어보았다. 확실히 재미있었다. 많은 사람이 좋아할 만한 내용이면서 특유의 매력과 개성도 있는 소년만화였다.

빠르게 인기를 얻고 있어서 바로 출간되어 히트를 치리라 예상했다. 실제로 몇 달 뒤에 단행본으로 나와 화제가 되면서 바로 애니메이션 제작도 결정되었다. 방영 시간은 여러 인기 애니메이션이 방송되는 밤 시간대라고 했다. 그야말로 쏜살같이 성공 가도를 달리는 모양새였다.

작품을 제안하고 편집자에게 퇴짜를 맞고 그럼에도 버티고 버틴 끝에 연재를 따내는 것은 이제 옛날이야기이고, 지금은 인터넷에 휙 올려서 주목을 좀 받으면 곧장 히트로 연결되는 엄청난 시대라고, 그렇게 가볍게 생각했다.

그런데 이후 이 작가가 쓴 《월급쟁이를 벗어난 41세의 만화가 脱サラ41歳のマンガ家再挑戦》이라는 책을 읽고 속으로 생각했다.

'멋모르고 가볍게 생각해서 죄송합니다.'

작가인 도오카 소스케 씨도 줄곧 홀로 한결같이 차곡차곡 쌓아온 사람이었다. 인터넷에서 인기를 얻어 번쩍 데뷔라니, 그런 쉬운 성공 따위는 존재하지 않았다.

만화가 처음 화제를 모은 것은 만화를 그리기 시작해 2년 정도가 지났을 때였다.

그때까지는 그리 주목도 받지 못했고 단행본 이야기도 한 번 있었지만 중간에 흐지부지 무산되었다.

마흔하나에 회사를 그만두고 그로부터 2년간 혼자 집에 틀어박혀 아무도 만나지 않고 적금을 깎아 먹으며 부단히 만화를 그렸다고 했다.

직업이 될 수 있을지도 불투명하고 인기를 얻을 수 있을지 없을지도 모르는 데다 거의 주목도 받지 못하는 동안 그저 홀로 꾸준히 만화를 그리기란 얼마나 고독하고 힘들까.

작가는 2년간 의욕을 잃지 않고 만화를 그리기 위해 다음과 같이 노력을 기울였다고 한다.

만화 제작 비화: 습관화하기

만화를 그리기 위해 먼저 습관을 만들었습니다. 일주일에 한 화, 15쪽씩 완성하기로요.

- 밤 8시에 자고 새벽 3, 4시에 일어나기
- 오후 5시에는 작업 마치기
- 토요일과 일요일은 휴식

＊ 당시에는 그랬지만 지금은 조금 바뀌었습니다.

아무런 보수 없이 의욕을 유지하기란 몹시 어렵습니다.

(중략)

만화 제작 비화: 의욕 유지하기

의욕을 변함없이 유지하기란 사실 불가능에 가깝습니다. 그래서 만화 작업을 습관으로 만들었습니다. 매일(작업하는 시간이라고 정해둔 때에) 학교나 회사에 가는 느낌으로요. 더불어 절대 무리하지 않기, 적절히 타협하기, 충분히 휴식하기를 지켰습니다.

의욕 때문이라기보다는 작품이 정기적으로 올라오지 않으면 독자가 떠난다는 공포가 등을 밀어주었습니다. 매주 같은 날에 한 화씩 올리는 건 특히 중요한 부분이지요. 그래야만 독자의 기억에 남을 수 있으니까요.

－도오카 소스케, 《월급쟁이를 벗어난 41세의 만화가 재도전》 중에서

정리하자면 이런 이야기다.

매주 한 화씩 그리기로 정한다.
작업하는 시간을 정한다.
쉬는 시간도 정한다.
매주 같은 날 업로드한다.

'뭐야, 그게 다야?' 싶을지도 모르지만, 말로 표현하고 보면 정말 '그게 다'다. 하지만 이렇게 하느냐 하지 않느냐, 이렇게 부단히 반복할 수 있느냐 그렇지 않느냐가 이후의 인생을 크게 좌우한다.

결과만 보면 인터넷에서 화제가 되고 만화가 주목을 받아 애니메이션으로도 만들어지며 획획 쉽게 나아간 것처럼 보인다. 하지만 그곳에 다다르는 여정에는 누구의 관심도 없이 2년간 끊임없이 홀로 만화를 그린 고독한 시간이 있었다.

164

〈임금님 랭킹〉을 만든 도오카 소스케 작가와 〈어웨이〉를 만든 긴츠 질발로디스 감독에게는 공통점이 있다. 아무에게도 기대지 않고 오직 혼자서 부단히 탑을 쌓아 올렸다는 점이다. 의욕에 의지하지 않고 '매일 정해둔 시간에 작품을 만든다'고 마음먹고 고독 속에서 한결같이 스스로가 결심한 일을 했다.

〈너의 이름은.〉으로 엄청난 인기를 얻은 신카이 마코토 감독의 데뷔작 〈별의 목소리〉도 집에서 맥 컴퓨터를 이용해 혼자서 제작한 애니메이션이었다.
독학으로 7년에 걸쳐 거의 혼자서 만든 호리 다카히데 감독의 〈정크 헤드〉라는 스톱 모션 애니메이션도 마찬가지다.

동료를 구하지 못해도, 스태프나 자금을 모으기가 어려워도, 홀로 꾸준히 쌓아 올리는 것은 사실 시간만 내면 누구나 할 수 있다.
〈어웨이〉의 긴츠 질발로디스 감독이 혼자서 작품을 만들겠다고 결심한 이유는 어리고 경험도 없는 자신이 장편 애니메이션을 만들려면 혼자서 하는 수밖에 없었기 때문이라고 한다. 영화 제작에 사용한 도구는 누구나 살 수 있는 맥북 한

대뿐이었다. 하고자 하는 마음만 있다면 혼자서도 집에서 컴퓨터 한 대만 가지고 장편 애니메이션을 만들 수 있다는 것이다.

만화도 컴퓨터 한 대 혹은 종이와 펜만 있으면 누구든 그릴 수 있다.

그림을 못 그린다면 글을 부지런히 써도 좋고, 〈마인크래프트〉 같은 게임에서 커다란 성을 짓는 것도 좋다.

홀로 꾸준히 쌓아 올릴 수 있는 것은 무궁무진하다.

결국 중요한 것은 하느냐 하지 않느냐, 그것뿐이다.

지름길은 어디에도 없으며, 한결같이 거듭한 뒤에야 비로소 길이 열린다.

거꾸로 말하자면 꾸준히 계속하는 것만으로도 뭔가 대단한 일을 일으킬 수 있다는 뜻이기도 하다.

참으로 가슴이 설레는 이야기이지 않은가.

✓ 한결같이 거듭한 뒤에야 비로소 길이 열린다.

변화는 이미 일어나고 있다

어떤 일이든 막 시작했을 때는 즐겁다.

점점 나아지는 모습이 눈에 그대로 보이기 때문이다.

0이 1이 된다.

조금씩 조금씩 솜씨가 좋아진다.

처음에는 기쁘고 즐겁다.

하지만 어디선가 벽에 부딪히고 만다.

더 이상 나아지지 않는다.

얼마나 좋아졌는지 알 수 없어진다.

조금도 좋아지지 않으니 즐겁지도 만족스럽지도 않은 상태가 이어진다. 또는 좀처럼 결실을 맺지 못하니 대체 뭘 위해 이 일을 하는지 의문을 갖게 된다.

"과연 여기에 무슨 의미가 있긴 할까?"

점점 그 일이 바보처럼 느껴지기 시작한다.

'조금도 늘지 않잖아, 왜 하는지 모르겠어. 이제 그만할까….'

그런 생각에 결국 그만두고 만다.

흔히 있는 일이다.

그러니 먼저 그런 생각 자체를 멀리해 보면 어떨까?

'실력이 좋아진다', '뭔가를 얻는다', '좋은 일이 일어난다'.

꾸준히 거듭한 끝에 그런 것들을 얻을 수 있다는 생각을 버리자. 어떤 '목표'를 노려야 한다는 생각을 멈추는 것이다.

나는 어떤 일을 할 때 처음부터 '성취'나 '발전'을 그리 의식하지 않으려고 노력한다.

달성해야 할 목표 따위는 생각하지 않는다. 발전 따위 하지 않아도 상관없다.

아무런 도움이 되지 않아도 괜찮다. 재미있든 재미없든 상관없다.

'이렇게 되고 싶다'는 생각 없이 시작하면 벽에 부딪힐 일도 없다.

이런 일에 대체 무슨 의미가 있을까.

그런 건 모른다.

다만 이것만은 말할 수 있다.

아무것도 생각하지 않고 꾸준히 계속하다 보면 어느새 자신이 달라진다는 사실 말이다.

눈에 보이는 발전이 없더라도 끊임없이 계속하면 반드시 변화가 찾아온다.

나도 스스로가 '변화했다'고 실감한 적이 있다.

나는 약 2년 전까지만 해도 글을 쓸 때 늘 '보쿠僕'라는 일인칭을 썼다. 일본어에는 자신을 나타내는 다양한 표현이 있는데, '와타시私'는 공적인 자리든 사적인 자리든 관계없이 가장 일반적으로 쓰는 표현이고 '보쿠'는 '오레俺'에 비해 좀 더 부드럽고 정중한 표현으로 주로 어린 남성이 쓰는 표현이다.

예전에 쓴 글을 읽어보면 나 자신을 가리킬 때 늘 '보쿠'라고 적었다.

나이가 몇인데 여전히 '보쿠'를 쓰는 건 바람직하지 않을지도 모르겠다는 생각이 들었다.
하지만 '보쿠' 이외에 다른 말로 자신을 나타내자니 왠지 모르게 어색했다. '오레'는 너무 거만해 보이고 '와타시'도 뭔가 거부감이 있었다.
너무 어른스러운 느낌이라고 할까? 이미 충분히 어른이기는 하지만, 자신이 '와타시'에 걸맞은 내실을 갖추지 못한 듯해서 조금 낯부끄러웠다.

그런데 그 무렵에 읽은 곤도 고타로의《세 줄로 적중하다三行で撃つ》라는 책에 '보쿠'에서 '와타시'로 "일인칭을 바꿨을 뿐인데 문체가 바뀌었다"라는 내용이 담겨 있었다. 어떻게 자신을 지칭하느냐에 따라 사고방식도 품성도 달라질 수 있다는 이야기였다.

그렇구나, 일인칭의 힘이란 그토록 대단하구나!
그래서 나도 바꿔보기로 했다.

170

일인칭을 모두 '와타시'로 쓰기로 결정했다.

메일을 쓸 때도 블로그에 글을 쓸 때도 '와타시'.

의식적으로 '보쿠'라는 표현을 쓰지 않도록 했다.

글의 분위기에 따라 가끔 다르게 쓴 적도 있지만, 그 밖에는 늘 '와타시'로 통일했다.

처음에는 도통 적응이 되지 않아서 꽤나 어색했다. 한 번 '와타시'라고 쓸 때마다 손발이 오그라드는 듯 낯설고 간지러웠다.

내가 아닌 듯한, 왠지 붕 뜬 듯한 느낌이 들어서 불편했다. 그래서 제법 신경을 써야만 제대로 쓸 수 있었다.

그런 어색함을 간직한 채 한 달이고 두 달이고 꾸준히 '와타시'를 사용했다. '와타시'라는 표현을 의식하며 썼다.

다만 메일에 '와타시'라고 쓰기에는 거부감이 커서 메일을 쓸 때는 되도록 일인칭을 사용하지 않았다.

그렇게 1년 가까이 각별히 주의를 기울여 '와타시'라는 표현을 썼다.

그로부터 다시 1년이 흐른 어느 날, 메일을 쓰다가 문득 자연스레 '와타시'라고 적었음을 깨닫고 깜짝 놀랐다. 전혀 의식조차 하지 않은 행동이었다. 이미 무의식이 되어 있었다.

2년 사이 '보쿠'는 자연히 '와타시'가 되었다.

이제는 굳이 말하자면 '보쿠'라고 쓰는 쪽이 더 어색하게 느껴진다. '나'는 더 이상 '보쿠'가 아니다.

지금 나는 '와타시'로서 세상을 보고 글을 쓴다.

주의를 기울이며 부단히 지켜온 결심이 어느덧 무의식이 되었다. 착실히 쌓아온 것들에 의해 사람은 변화한다.

작은 일을 '꾸준히' 반복하는 사이 작은 변화가 일어나고, 그것이 이윽고 '자신'이 된다.

틀림없이 모두가 그럴 것이다.

✓   눈에 잘 보이지 않아도 변화는 틀림없이 일어나고 있다.

크게 바꾸고 싶다면 작게 시작할 것

나는 책을 디자인하는 일을 한다.

책 한 권을 작업할 때 여러 디자인 시안을 구상한다.

괜찮다 싶은 디자인이 나오면 바로 끝이 아니라, 계속해서 각양각색의 방법을 고민하고 실마리를 더듬어 가며 또 다른 답을 찾는다.

존재하지 않는 정답을 가능한 한 끝까지 좇는, 그런 일이다.

일단 한번 만들고 잠시 재워두었다가 조금 시간을 두고 다른 날 다시 손보는 과정을 마감까지 계속 반복한다.

여러 방안을 고민할 때 '이거다' 싶은 한 가지 시안을 만든

다음 완전히 다른 쪽으로 방향을 틀기란 제법 힘들다.

뭔가를 크게 바꾸기란 그만큼 어려운 일이다.

하지만 그럴 때는 먼저 작은 부분에 초점을 맞추면 된다.

사소한 부분을 조금씩 손보는 것이다.

예를 들면 동그라미로 둘러싼 부분에서 동그라미의 모양을 다른 모양으로 바꿔본다든지, 한 부분만 글꼴을 달리해 본다든지, 글씨의 위치를 서로 바꿔본다든지, 작은 여백을 만들어본다든지.

그렇게 조금씩 다듬는다.

세세한 부분을 조금씩 손보다 보면 어느덧 전체가 바뀐다.

대담한 변화가 나타난다.

조금씩 계속 바꾸면 자연히 전체가 달라진다.

어느새 커다란 변화가 되는 것이다.

조금씩 바꾸었을 뿐인데, 사실은 크게 바뀌었음을 나중에야 깨닫는다.

자기 자신을 바꾸는 것도 이와 마찬가지다.

갑자기 다른 사람이 되기란 어렵다.

사람은 하루아침에 바뀌지 않으니까.

174

그러나 누구든 변화할 수는 있다. 작은 변화를 계속해서 거듭하면 된다. 눈에 잘 보이지 않는 작은 변화를 날마다 끊임없이 거듭하면 된다.

자기 자신을 '바꾼다'는 것은 날마다 조금씩 변화한다는 뜻이다.

✓ 작은 변화를 꾸준히 거듭하면 전혀 다른 나를 만난다.

꼭 쉬워야만 재미있는 건 아니다

나는 무언가를 꾸준히 하는 것이 정말 재미있다.

다만 재미있는 일이라고 해서 결코 쉬운 일을 한다든지 쉽게 한다는 뜻은 아니다.

'재미있다'와 '쉽다'는 전혀 다르다.

오히려 정반대라 해도 좋다.

쉬운 일은 그리 재미있지 않다.

쉽고 편하면 금방 싫증이 난다.

쉽지 않은 일을 하기에 '계속하기'가 '재미있는' 것이다.

어떤 일을 즐기려면 너무 '쉽게' 해서는 안 된다.

다만 오해하지는 않았으면 한다.
그저 어렵게만 하면 된다는 뜻은 절대 아니다.
'쉽게' 지속할 수 있는 습관의 틀을 만드는 데는 적극적으로
뛰어들수록 좋다.
그러나 몰두하는 일 자체는 '쉽게' 때워버리지 않는 것이 오
래도록 지속할 수 있는 비결이다.

작은 일들을 달성하는 것이 당연해지면, 이번에는 적당히
무게를 더해보자. 약간 힘든 정도로, 조금 더 진지하게 몰두
해야만 끝나는 정도로 목표를 설정하면 된다.
그렇게 해서 너무 익숙해지지 않도록 만드는 것이다.

내가 벌써 20년이나 계속해 온 일이 있다.
1년에 한 번 사진전을 여는 것이다.
원래 사진에는 아무런 관심도 없었다. 그런데 20년 전, 사진
전을 열어보면 어떻겠느냐는 이야기를 들었다.
그래서 처음으로 제대로 된 카메라를 샀고 그 후 20년 동안
해마다 한 번씩 사진전을 열게 되었다.

벌써 20년이나 했으니 눈 감고도 할 만큼 익숙하리라 생각하겠지만, 매년 준비 과정에 들어갈 때마다 생각한다.

'이건 보통 일이 아니야. 조금도 익숙해지지가 않아. 아니, 익숙해지기는커녕 예전보다 더 힘들어졌다고.'

사진을 고르느라 진땀을 빼고 위가 콕콕 쑤시듯 아프고 왠지 모를 압박감에 시달린다.

대체 왜 이렇게 힘들어해야 할까. 그렇게 생각하면서 한 장 한 장 사진을 직접 보고 고르고 배열하며 끊임없이 정답 없는 퍼즐을 맞춘다.

하지만 한편으로는 이렇게 '익숙해지지 않는 점'이 좋다고 마음속으로 느낀다.

아무리 시간이 흘러도 쉬워지지 않는다. 20년이 지나도 20년 전과 다름없이 여전히 힘들고 벅차다.

"오히려 작년 사진이 더 좋았던 것 같은데. 올해는 틀렸네, 어쩌지…"

매일 비슷한 말을 늘어놓는다. 그리고 한 해도 빠짐없이 머리를 쥐어짜며 괴로워한다.

그만큼 부담을 느꼈기에 지금껏 싫증 내지 않고 계속할 수 있었던 것 아닐까.

'익숙함'은 즐거움을 빼앗아 간다.

진심으로 뭔가를 즐기는 비결은 '익숙해지지 않는 것'이다.

'쉽게' 하려고 하면 얼마든지 할 수 있을지도 모른다.

하지만 쉽고 편하게 해치우지 않고 진심으로 마주하기에 꾸준히 할 수 있는 것이 아닐까.

내가 존경하는 일본화가 호리 후미코 씨의 인생 신조는 "무리 짓지 않기, 익숙해지지 않기, 의지하지 않기"라고 한다. 나도 이에 깊이 공감한다.

'익숙해지지 않는 것'은 무언가를 한결같이 즐기기 위한 중요한 요소가 아닐까?

✓ 익숙해지지 않음으로써 신선함을 유지한다.

되는대로 해보면 의외로 잘된다

얼마 전 오랜만에 요리에 도전했다.

그런데 음식을 만들다가 뭔가를 '즐겁게' 하는 방법이 무엇인지 어렴풋이 깨달았다.

나는 예전부터 요리를 할 때 레시피를 제대로 보지 않고 되는대로 적당히 만들었는데, 아무래도 그것이 즐겁게 요리하는 비결이 아닌가 싶다.

레시피를 대강대강 머릿속에 넣어둔 다음, 재료는 모두 눈대중으로 대충 넣고 자기 나름의 방식으로 적당히 만들어보는 것이다.

정확한 계량과 과정 대신 마음 가는 대로 적당히 만들어야 하니 요리를 하면서 이것저것 생각하게 된다. 어떤 재료를 넣으면 맛있어질지 고민하며 이리저리 바꿔보고 시도한다. 그리고 효율도 따져본다. 물을 끓이는 동안 채소를 썰고, 그 사이 마늘을 올리브 오일에 넣어 약불에 올리고, 채소를 볶는 타이밍에 다른 작업을 하고…. 조리 순서를 짚어보고 레시피도 적당히 고려하며 원하는 대로 요리를 변형한다.

맛도 요리하는 순서도 효율도 생각하며 만드는 것이다. 어떤 맛이 날지 상상하며 순서를 궁리해서 요리했더니 아주 오랜만에 해본 요리가 너무나도 즐겁게 느껴졌다.

다른 사람에게 배운 절차에 따르는 대신, 순서와 방식을 궁리하고 자기 나름의 방법으로 직접 시도하며 생각한다.

어떤 일이든 자신의 머리로 직접 생각해서 실행하면 재미있게 할 수 있다.

입무든 취미든 모든 일에 적용되는 이야기다.

실제로 나의 직업도 처음에는 별생각 없이 되는대로 시작한 일이었다. 학생 시절 누구의 가르침도 받지 않은 채 되는대로 디자인을 시작했다.

그저 부탁받은 것을 열심히 만들었을 뿐이다. 학교에서 디자인을 공부한 적도 없었기에 적당히 눈동냥으로 보고 배우며 내 나름의 방법을 궁리해서 직접 하며 배웠다. 그러다 보니 어느새 디자인이 직업이 되었다.

여전히 제대로 된 방법 같은 건 잘 모르지만, 감사하게도 20년 넘도록 한 번도 일거리가 끊기는 일 없이 지금껏 바쁘게 일하고 있다.

처음 일을 시작했을 때 지녔던 순수함이 그대로 남아 있는지는 모르겠지만, 나날이 나만의 방식을 고민하며 작업에 임한다.

어떻게 만들어야 질리지 않는 디자인이 될지, 어떻게 해야 기분 좋게 일할 수 있을지, 어떻게 하면 일이 끊어지지 않을지 날마다 생각한다. 그리고 얻어낸 아이디어를 끊임없이 보완하고 개선한다.

이렇게 고민을 거듭하는 과정에서도 업무의 내용과 맞먹을 만큼 커다란 즐거움을 느낀다. 그것이 이 일을 계속하는 이유일 것이다.

업무와 관련된 자질구레한 허드렛일이나 단순 작업도 나만의 방식을 궁리하면서 하면 훨씬 즐거워진다. '나 혹시 천재 아닌가?' 싶은 엑셀 사용법을 발견한다든지 업무의 효율성을 끌어 올리는 자신만의 방법을 생각해 보는 것이다. 그것만 으로도 재미없어 보이는 잡일과 허드렛일이 창의적인 일로 변한다.

누군가 만든 '효율적인 방법'을 단순히 흉내만 내면 편하고 쉽기는 하지만 즐겁지는 않다.
너무 쉬우면 어떤 일을 하든 재미가 없다.
스스로 생각해야 비로소 재미있어진다.
게다가 스스로 생각한 방법은 얼마든지 응용도 할 수 있다.

우선은 되는대로 적당히 해보자.
그런 다음 자신만의 방법을 찾아서 다시 해보면 된다.
이리저리 궁리하며 보완하고 개선도 할 수 있다.
이것이 어떤 일이든 즐겁게 만드는 비결이 아닐까.

꾸준히 하는 힘이란 억지로 만드는 것이 아니라, 바로 정답을 알아보지 않고 작은 불편을 감수하며 자기 나름대로 고민하다 보면 알아서 자라나는 것 아닐까.

무언가에 도전하겠다고 단단히 마음먹고 의욕을 불태우면 쉽게 뒷걸음질 치게 되지만, 조금씩 적당히 실험해 보자는 마음으로 시작하면 의외로 즐겁게 계속할 수 있을지도 모른다.

✓ 되는대로 시작한다. 자기만의 방식으로 한다. 생각하며 끊임없이 시도한다.

어제의 나에게 도움 받기

어떤 일을 할 때 누군가 도움을 준다면 아주 쉽고 편안하게 다양한 일을 할 수 있다.

그런데 기댈 만한 사람이 없을 때는 어떻게 해야 할까?

바로 어제의 자기 자신에게 도움을 받으면 된다.

나는 글 쓰는 습관을 바꾸면서 이 중요한 사실을 깨달았다.

나는 글쓰기에는 그다지 소질이 없다. 너무너무 어렵다. 가능하면 되도록 쓰고 싶지 않다. 그래서 글쓰기를 시작하는 데도 글을 끝까지 완성하는 데도 시간이 걸린다.

하지만 글을 쓰겠다고 결심하고 말았다.

영화관에서 영화를 보고 느낀 점은 모두 블로그에 쓰기로 했다.

매일 책을 읽고 메모한 내용은 SNS에 올리기로 했다.

일주일에 한 번, 월요일에는 '노트'라는 블로그 플랫폼에 글을 올리기로 마음먹었다.

마음먹은 일은 반드시 한다.

글쓰기 자체는 잘하지도 못하고 좋아하지도 않지만 말이다.

어떻게 하면 꾸준히 할 수 있을지, 어떻게 하면 부담을 덜어낼 수 있을지, 얼렁뚱땅 대충 넘어가지 않고 계속할 수 있을지 생각했다.

그중 가장 부담이 큰 일은 매주 월요일 '노트'에 글을 올리는 것이었다.

이 플랫폼에는 주제를 명확히 정해서 독자가 공감하며 읽을 수 있는 글을 써야겠다고 분명히 정해두었다. 당연히 다른 글보다 훨씬 쓰기가 어렵다.

글쓰기에 관한 정신적인 부담감을 어떻게 해야 줄일 수 있을까?

방법을 알아내기 위해 여러 가지를 실험해 보았다.

먼저 글을 올리는 날까지 원고를 들여다보지 않기로 했다. 월요일에 글을 올리기로 정해두었으니 월요일 아침이 될 때까지 원고에 관해 일절 생각하지 않기로 한 것이다.

그 결과 글에 관해 고민하는 시간을 줄일 수는 있었다.

하지만 어떤 글을 쓸지 아이디어가 떠오르지 않을 때나 완성된 글이 도무지 올릴 만한 내용이 아닐 때는 몹시 난처했다. 결국 스스로 만족하지 못한 채 글을 올리는 날이 많아졌다. 그럴 때마다 오히려 스트레스가 커져서 방법을 여러모로 바꿔보았다.

날마다 주제를 하나씩 생각해 본다든지, 매일 원고를 초벌로 간단하게 써본다든지, 이것저것 실험하고 시도하다가 마침내 지금 쓰는 방법에 도달했다.

글을 올리기 전날에 50점 정도의 완성도로 일단 한번 원고를 끝까지 써두는 것이다.

글을 올리기 전날, 다시 말해 일요일 아침.

이때 합격이라 말할 수 없는 글이 나오더라도 일단 글쓰기를 마친다. 엉성해도 좋으니 원고를 끝까지 완성해서 내용이 다소 만족스럽지 못해도 '이대로 올려도 된다'고 생각할 만한 글을 만들어 두도록 했다.

정말 최악의 상황일 때는 이대로 글을 올리면 된다.

이 방법에 따라 글을 쓰기 시작한 뒤로 정신적 부담감이 크게 줄어들었다.

일단 완성한다. 그리고 잠시 묵혀둔다.
이 과정이 무엇보다 중요하다는 사실을 비로소 알아챘다.

말할 것도 없이 당연한 깨달음이기는 하다.
사실 이미 알고 있는 사실이었다.
디자인을 할 때는 아주 당연하게 하던 것이었으니까.

나는 업무 미팅을 하고 나면 다음 날 디자인 시안을 한 가지는 꼭 완성해 둔다. 마감으로부터 자유로워진다는 안도감과 마음의 여유 그리고 충분히 숙성된 디자인을 얻을 수 있기 때문이다.
디자인에는 숙성이 필요하다.
중간에 시간을 두어야만 디자인을 객관적으로 바라볼 수 있다. 냉정한 눈으로 한 발짝 멀리 떨어져서 자신의 디자인을 들여다볼 수 있다.
필요한 건 잠시 디자인에서 멀어지는 시간이다. 시간을 두고 일단 머릿속에서 지운 다음, 새로운 눈으로 다시 한번 마주하는 것이다.

책을 디자인하는 할 때는 항상 이런 과정을 거친다.

이것을 글쓰기에는 응용하지 못하고 있었다. 이유는 단순했다. 글을 쓰는 게 싫어서 가능한 한 글을 마주하고 싶지 않았기 때문이다.

그런데 이 방법을 사용한 뒤로 글쓰기에 대한 부담이 크게 줄어들었다.

우선 50점 정도의 완성도여도 괜찮으니 끝까지 쓰기만 하면 된다. 어찌 되었든 한번 '끝내기'. 이로써 어마어마한 효과를 얻을 수 있다.

다음 날 "오, 꽤 잘 썼네! 좋아, 바로 올리자!"로 흘러가는 경우는 거의 없다. 그럴 일은 99퍼센트 없다. 대부분은 "이건 틀렸군…" 하고 한탄하며 내용을 대폭 수정하게 된다.

하지만 그 점이 오히려 좋다. 작은 부분을 고치다가 커다란 결함을 발견해 전체를 고쳐 쓰거나 부족한 부분을 보충하는 사이 내용이 통째로 바뀌기도 한다. 자연히 글의 짜임새와 정교함이 높아진다.

품이 더 많이 든다는 점만은 분명하지만, '끝까지 해둔 미완성품'이 있느냐 없느냐는 하늘과 땅만큼 차이가 난다.

어제의 나와 오늘의 나, 두 명의 내가 함께 글을 완성하는 것. 이것이 글을 하룻밤 재워두었을 때 얻을 수 있는 가장 큰 효과다.

하루 동안 온 힘을 다해서 100점을 목표로 삼는 것이 아니라, 어제의 내가 만든 50점과 오늘의 내가 만든 50점을 합해 100점을 노리는 작업이다.

어떤 일을 해내려고 한꺼번에 모두 쏟아부으면 부담이 엄청나게 크지만, 두 번으로 나누면 그만큼 가벼워진다.

걸리는 시간도 이틀로 나누어 몰두할 때 결과적으로 더 짧아지는 경우가 많다.

오늘 내가 쓴 글을 잠시 재워두는 이유는 내일의 자신에게 맡기기 위해서다. 그러면 내일의 자신이 오늘의 자신에게 힘을 빌려준다. 글 쓰는 방법을 바꾸면서 분명히 깨달았다.

✓ 오늘의 50점과 내일의 50점으로 100점을 노린다.

꾸준함은 미래를 위한 적금 통장

나를 살리는 존재는 나 자신이다.

결국 내가 나를 돕는 수밖에 없다.

매해 개최하는 사진전은 1년에 단 한 번뿐이지만, 늘 준비하려고 마음먹어도 시간이 없어서 도무지 생각처럼 진행되지 않았다.

본업이 너무 바빠서 차근히 사진전 준비에 몰두할 시간이 없었기 때문이다. 여간해서는 사진을 찍으러 갈 여유도 생기지 않았고 어쩌다 겨우 시간을 내서 촬영차 여행을 다녀

와도 사진을 들여다볼 겨를이 없었다.

그런 상태에서 준비를 한답시고 사진전이 열리기 한 달 전에 갑자기 뛰어들어도 원하는 대로 사진을 고를 수 있을 리 없었다.

처음 10년 동안은 아무런 계획 없이 되는대로 했다.

직전에 준비를 시작해서 부족한 시간에 허덕이며 겨우 기한에 맞춰 사진을 골랐다. 당연하게도 그리 만족스러운 전시를 만들지는 못했다.

그래서 방식을 바꾸기로 했다.

매일 조금씩 준비해 보기로 했다.

날마다 5분이나 10분씩 반드시 사진을 마주하는 시간을 마련했다.

시작은 2016년 1월이었다. 하루에 한 장의 사진을 고른 다음 현상해서(색과 세세한 부분 등 데이터 조정) 블로그에 업로드하기 시작했다.

365일 매일 하기로 결심했다. 블로그에 쓰는 글에 맞춰 사진을 한 장 고르는 것이다.

주제를 정하고 사진을 골라 현상 처리를 한다. 시간을 길게 내기는 어렵지만, 하루에 5분이나 10분 정도라면 사진을 고르고 만질 시간도 만들 수 있다.

이렇게 매일 조금씩 준비해 두면 사진전을 열기 전에 이미 300장 이상의 후보 사진이 마련된다.

하루하루 꾸준히 거듭한 작은 일들이 1년 후의 나를 구하는 것이다.

작은 것을 차근차근 쌓아보자. 영어 공부를 하고 싶다면 '영어 단어 하나 외우기'여도 좋고 야구를 하고 싶다면 '배트 휘두르는 연습'이어도 좋다. 매일 조금씩 쌓아나가면 된다.

어떤 일은 바로 효과가 나타나지 않을지도 모른다.

그럼에도 조금씩 조금씩 10년 동안 계속한다면 어떨까.

그러면 10년 뒤에는 10년간 모이고 모인 자신이 지금의 자신에게 힘을 보태준다.

무언가를 조금씩 꾸준히 거듭하는 일은 미래의 나에게 언젠가 도움이 될 적금 통장이나 다름없다.

아무리 보잘것없이 보여도 계속 쌓다 보면 어느새 커다란 재산이 된다.

✓ 소소한 저금이 미래의 재산을 만든다.

혼자 힘으로 멀리 가는 유일한 방법

달려서 먼 곳까지 가기.

예를 들어 지구 반대편까지 달음질을 친다면?

그런 이야기를 들으면 과연 가능하다는 생각이 들까?

일본에서 지구 반대편인 아르헨티나나 브라질 언저리까지
는 대략 2만 킬로미터나 된다고 한다.

'2만 킬로미터를 달린다'라…. 일본의 TV 프로그램 중에 1년
에 한 번 24시간 생방송으로 진행하는 〈24시간 텔레비전〉
이라는 방송이 있는데, 이 프로그램에서는 자선 마라톤을
개최한다. 마라톤에 나간 주자들은 프로그램의 주제곡으로

잘 알려진 〈사라이〉라는 노래를 들으며 만신창이 같은 몸으로 울면서 결승점에 도착한다. 그 마라톤이 100킬로미터다. 즉, 지구 반대편으로 가려면 이 자선 마라톤을 200번 뛰어야 한다는 이야기다.

정식 마라톤의 풀코스보다 더 긴 울트라 마라톤은 총 100킬로미터를 달린다. 6시간대에 완주하는 사람도 있다고 한다. 그 정도면 이미 인간이 아니라 초인이 아닌가 싶지만, 그런 사람도 갑자기 2만 킬로미터를 달리라고 하면 그리 쉽게 완주할 수 있는 거리는 아닐 것이다. 적어도 1년은 걸리지 않을까.

그토록 먼 2만 킬로미터 거리를 쉽게 달리는 방법이 있다.
실제로 나는 어제 조깅으로 2만 킬로미터를 달렸다.

별로 대단한 일은 아니다.
내가 하루에 달리는 거리는 4킬로미터쯤 된다.
전혀 무리하지 않는 거리다.
그래도 매일 달린다.
비가 오는 날은 달리지 않는다.
하지만 숙취가 있는 날은 달린다.

뛰러 가지 않아도 되는 날은 새해 첫날뿐.

그렇게 정해놓았다.

하루하루는 자못 짧다. 그러나 매일 계속하면 틀림없이 차곡차곡 쌓여간다.

나는 매달 약 100킬로미터를 달린다. 1년간 계속하면 1,200킬로미터가 된다. 10년 동안 지속하면 1만 2,000킬로미터. 2만 킬로미터 떨어진 지구 반대편까지 가는 데는 16년이 걸린다.

나이키 어플리케이션으로 조깅 기록을 하기 시작한 때가 2007년이 반쯤 지나간 시기였다. 그때부터 16년간, 매일 조금씩 계속해서 뛰었다.

아주 쉽게 2만 킬로미터를 달리는 방법… 그저 16년을 들이면 된다.

슈퍼맨 같은 초인이라면 1년 안에 뛸 수 있을지도 모른다. 하지만 평범한 사람도 16배의 시간을 들이면 얼마든지 같은 일을 해낼 수 있다.

초인과 평범한 사람의 차이는 겨우 16배에 불과하다. 오직 16배의 시간만 들이면 된다.

누구나 할 수 있는 대수롭지 않은 일을, 아무도 하지 않을 만큼 끊임없이 거듭하면 된다.

보잘것없는 한 걸음을 얕보지 않고, 싫증 내지 않고 그저 한결같이 계속해 보자.

한 걸음 내디뎠다면 다른 발로 또 한 걸음 내디디면 된다. 그걸 계속 반복하는 것이다.

그것이 머나먼 곳으로 나아갈 수 있는 유일한 방법이다.

나도 모르는 사이에 한 번도 본 적 없는 세계에 다다를지도 모른다.

✓ 멀리 가려면 그저 끊임없이 걸음을 내디디면 된다.

목표를 이루고 싶다면 목표를 버려라

싫증 내고 깜빡하고 귀찮아하고…. 무언가를 꾸준히 하지 못하도록 방해하는 요인은 이 밖에도 다양하지만, 가장 큰 적은 '목표 달성'이다.

성취란 사람을 홀리는 괴물이다.
'목표를 달성하는 것' 자체는 매우 멋진 일이다.
본래 뭔가를 '꾸준히 하는 것' 또한 어떤 목표를 이루기 위한 경우가 대부분이다.

100일 동안 하루에 한 권씩 책 읽기.

1년 동안 매주 블로그에 글 올리기.

사람은 이처럼 어떤 목표를 정하고 이루기 위해 노력한다.

목표를 위해 달려가는 동안은 열정을 쏟으며 마음먹은 일에 매달린다.

중간에 포기하는 사람도 있지만, 열심히 하는 사람은 필사적으로 끝까지 해낸다.

애쓰고 애쓴 끝에 드디어 그날이 온다.

"됐다! 해냈다! 끝났다!"

성취감은 최고조에 달한다.

"축하해야지! 술 가져와, 맥주 마셔야지, 맥주! 됐다, 됐어! 해냈다고!"

엄청난 성취감.

하지만 이것이 바로 '괴물'이다.

목표가 크면 클수록 끝까지 해낸 성취감도 크다.

그리고 어마어마한 해방감도 뒤따른다. 그때까지 서서히 오르던 열이 최고조에 이른다.

하지만 시간이 조금 지나면 열이 식는다. 해방감과 동시에 맹렬한 기세로 열이 차갑게 식어간다.

그럼 그다음은 어떻게 될까?

앞으로도 전처럼 계속할 수 있을까?

'조금만 쉰 다음에 마음이 내키면 다시 해야지…'라고 생각하면 더는 다시 하기가 싫어진다.

하기 싫어도 어쩔 수 없이 해야 하는 업무 같은 경우라면 그나마 낫다. 하지만 하지 않아도 그다지 문제가 없는 일은 다시 시작하기가 몹시 어렵다.

얼마나 힘든지 이미 알고 있으니 또 같은 일을 하려고 마음먹어도 "윽, 또 한다고?"라는 말이 절로 나온다. 뜨거웠던 그 열정은 대체 어디로 갔을까.

나도 이 괴물에게 습격당한 적이 있다.

1년 동안 꾸준히 하겠다고 단단히 마음먹고 일주일에 한 번씩 블로그에 글을 열심히 써서 끝내 목표를 이룬 순간. 그 해방감은 실로 어마어마했다.

'1년간 계속했으니 이제 그만해도 되겠지? 이제 쓰지 않아도 되겠지?' 하는 마음에 휩싸였다.

다만 앞으로가 마음에 걸렸다.

'정말 그만두는 거야? 애써 1년 동안 계속했으니 좀 더 해보면 어때?'
마음 한편에는 그런 생각도 있었다.
다만 전과 같이 열정적으로 계속하기는 힘들 것 같았다. 그만큼 처음 1년 동안은 글을 쓰고 올리는 데 엄청난 노력과 힘을 기울였다. 그래서 일단 내가 원할 때마다 느슨하게 글을 계속 쓰겠노라 선언했다.

하지만 만약 몇 주쯤 쉰다면 대체 언제부터 다시 시작하면 될지, 느슨하게 계속하겠다고 말했는데 '느슨하게'란 대체 무엇인지, 도무지 알 수가 없었다.

의욕을 거의 잃을 뻔한 순간이었지만, "잠깐, 잠깐!" 하고 다시 생각해 보았다.
그러자 '하고자 하는 마음'을 계속 유지하려면 멈추지 않고 움직여야 한다는 생각이 들었다.
그래서 늘 적당히 엔진을 걸어두기로 했다. 그러려면 어느 정도 무게를 더해야 한다. 일부러 적당히 무게를 더해서 엔진을 유지하면 된다.

단, 해방감으로 충만한 상태이므로 어중간한 무게로는 엔진이 켜지지 않는다.

그래서 바로 다음 날, 전과 다르게 화요일에도 글을 써서 올렸다. 그리고 그다음 날도 썼다.

일주일에 한 번 쓰기도 어려운데, 목표를 달성한 날부터 3일간 연속으로 글을 썼다.

해방감을 지워버리려면 바로 시작하는 수밖에 없었기 때문이다.

글을 쓰겠다고 결심하자 바로 시동이 걸렸다. 잠시 쉬었다가 엔진을 다시 켜는 것보다 훨씬 쉬웠다.

목표에 도달했을 때일수록 하던 일을 담담하게 계속하는 것이 중요하다는 이야기다.

책을 100권 읽기로 결심하고 목표를 달성했다면 어떻게 해야 할까.

다음 날 101권째 책을 읽는다. 그저 그뿐이다.

'목표 달성'을 골로 삼으면 시합은 거기서 종료된다.

영화감독이 꿈이라고 가정해 보자.

열심히 노력해서 영화를 한 편 찍고서 "해냈다, 꿈이 이루어졌어!", "영화감독이 됐어!" 하고 만세를 부르면 꿈은 끝일까?

라이벌을 이기기 위해 특훈을 거듭한 끝에 마침내 라이벌을 꺾었다.

좋아하는 사람이 자신을 봐주기를 바라는 마음으로 열심히 자기를 가꾸고 고백해서 드디어 사귀는 사이가 되었다.

영화라면 그게 마지막 장면일 것이다.

거기서 이야기는 끝난다.

하지만 현실은 거기서 끝나지 않는다.

그 후에도 인생은 계속된다.

'목표 달성'은 끝이 아니다.

다음 목표의 시작, 골이 아니라 통과 지점이다.

쉬운 목표든 커다란 꿈이든 날마다 해야 하는 일이든 결혼이든 모두 마찬가지다. 어떤 목표를 이룬 뒤에는 평범한 일상이 이어진다.

'달성'은 끝이 아니라 새로운 시작이다.

그렇게 생각하지 않으면 성취는 무시무시한 괴물이 된다.

목표를 이루면 그 순간은 기뻐할 만큼 충분히 기뻐하면 된다. 성대하게 축하하고 즐거워해도 좋다. 하지만 또다시 새로운 목적을 향해 걸음을 떼야 한다.

담담하게 새로운 목적을 위해 노력을 거듭하는, 그런 마음가짐이 필요하다.

〈프리 솔로〉라는 영화에서 그런 마음가짐의 끝을 보았다. 〈프리 솔로〉는 목숨을 걸고 암벽을 오르는 등반가의 이야기가 담긴 다큐멘터리 영화다. 프리 솔로 등반이란 수백 미터에 달하는 깎아지른 절벽을 로프나 안전장치 하나 없이 자신의 손과 발만 이용해 오르는 것을 가리킨다. 손끝을 1밀리미터만 잘못 움직여도 바로 게임 오버, 즉 죽음이 기다리는 더없이 위험한 도전이다. 이 영화를 촬영하는 도중에도 프리 솔로를 하는 다른 등반가가 사망했다는 뉴스가 들려온다. 계속하다가는 정말 죽을 거라는 생각이 들 정도로 위태위태하다.

공표된 사실이니 스포일러는 아니겠지만, 주인공은 이 무모한 프리 솔로로 정상에 오르는 데 성공한다.

8년간 목표 하나만 바라보고 몸을 만들고 루트를 연구한 끝에 아무도 넘보지 못했던 엘 캐피탄 등정을 이루어 냈다. 보통 사람이라면 환희하고 기뻐하며 펄쩍펄쩍 뛸 순간이었지만, 주인공은 전혀 그러지 않았다.

정상에 올라 잠시 웃는 듯한, 뭔가를 가만히 음미하는 듯한 표정을 지었을 뿐이다.

연인에게 전화를 걸어 정상에 올랐다고 말하고는 오늘 치 훈련을 아직 하지 않았다면서 트레일러하우스로 돌아가 아무 일 없었다는 듯 평소 일과대로 훈련을 시작했다.

몇 년이나 꿈꿔왔던 위업을 달성했지만, 다시금 담담하게 일상을 이어간 것이다. 그 정도 마음가짐 없이는 이런 대단한 업적은 이룰 수 없을지도 모른다.

성취감이 크게 느껴지지 않는 주인공의 모습을 보고 솔직히 깜짝 놀랐다. 이것이야말로 목표를 달성했을 때 가져야 할 궁극적인 태도라는 생각이 들었다.

기쁨은 그 순간 충분히 음미하면 된다.
하지만 그 후에는 담담하게 일상을 이어나가자.

✓ **목표 달성은 다음 목표를 향한 출발점이다.**

Chapter 5

꾸준
함으로

좋아하는 일을
찾는다

'왜'가 아니라 '그냥'을 소중히 여긴다

대체 무엇을 위해 이 일을 하는지 생각하기 시작하면 행동은 더 이상 이어지지 않는다.

이유 따위는 몰라도 상관없다.

'왜'가 아니라 '그냥'.

이런 감각을 좀 더 소중하게 여기면 어떨까?

'그걸 왜 하지?'라고 생각하면 특히 사소하고 쓸데없는 일은 아무것도 시작하지 못한다. 이유를 따지기보다는 과연 무엇이 있을지 모르지만 그 무언가를 가벼운 마음으로 찾아보는 자세를 더 소중하게 여겼으면 한다.

아무리 쓸모없어 보이는 일이라도 꾸준히 하다 보면 틀림없이 무언가가 나타난다.

'목적'은 나중에서야 "아, 내가 이걸 위해서 계속해 왔구나" 하고 어렴풋이 알아챌 정도면 충분하다.

'목적'에 관해 이야기할 때는 다음의 이야기가 자주 나온다.

길을 가던 나그네가 벽돌을 쌓는 세 남자에게 이렇게 질문했다.

"왜 벽돌을 쌓고 있나요?"

첫 번째 남자는 힘겨워 보이는 얼굴로 대답했다.

"그냥 쌓는 거지 뭐. 아주 시시한 일이야."

두 번째 남자는 피로한 얼굴로 이렇게 답했다.

"커다란 벽을 만들어. 이걸로 가족을 먹여 살리고 있지."

세 번째 남자는 생기 넘치는 얼굴로 즐겁게 일하며 말했다.

"역사에 길이 남을 대성당을 만들어. 아주 멋진 일이야."

같은 '벽돌 쌓기'라는 작업이라도 목적을 아느냐 모르느냐에 따라 인생이 크게 달라진다는 이야기다.

물론 셋 가운데 세 번째 남자가 가장 훌륭하다는 뜻인데, 정말 그렇게 단순한 이야기일지 의문이 든다.

첫 번째 남자. 그는 시시하다고 말하면서도 꼬박꼬박 일을 하며 주어진 일을 모두 해내고 밤이면 술집에서 별것 아닌 이야기를 즐겁게 나눈다. 그걸로 충분하지 않을까? 힘겨운 노동, 즐거운 술 한 잔. 제법 좋은 인생이다.

두 번째 남자. 벽을 만드는 것이 그의 일이며 자신이 맡은 일을 열심히 완수한다. 아주 중요한 부분이다. 세상에 쉬운 일이란 없다. 힘들다고 느끼기에, 사람은 생각하고 고민한다. 분명 그 또한 자신만의 철학으로 벽을 만들고 있을 것이다. 어떻게 해야 벽돌을 잘 쌓을 수 있을지, 어떻게 하면 작업이 효율적으로 돌아갈지, 매일 부단히 거듭하고 있으니 분명 그런 생각을 하지 않을까. 힘든 건 당연하다. 그 와중에 가족 걱정도 한다. 너무나 훌륭하지 않은가.

세 번째 남자. 이런 사람은 나무랄 데 없다. 앞을 내다보며 움직이는 사람. 이런 사람이 다른 사람을 움직이고 세상을 움직이는 대단한 인물이 된다. 자부심을 가지고 목적과 꿈을 실현하기 위해 눈앞에 있는 것보다 더 멀리 바라보며 살아간다. 이런 사람이 되고 싶다. 앞을 똑바로 바라보는 것은 아주 중요하니까.

하지만 모든 사람이 '세 번째 남자'가 될 필요가 있을까?

만약 내게 세 번째 남자처럼 일할 수 있느냐고 묻는다면, 어려울 것 같다고 답하겠다.

나에게는 먼 곳을 내다보기보다는 눈앞의 작은 것에 힘을 쏟는 일이 더 잘 맞는다. 과연 그것이 그릇된 인생일까?

결국 일하는 방식은 어떤 것이든 상관없지 않을까.

옳고 그름의 문제가 아니라 모두 저마다 동등하게 정답이다. 어떤 방식으로 일하든 어딘가에 그 사람만의 결승점이 기다리고 있다.

첫 번째 남자 같은 사람들이 가게를 열면, 신주쿠 뒷골목의 술집 거리처럼 잡다한 가게들이 옹기종기 모인 즐거운 공간이 될 것 같다. 두 번째 남자 같은 사람들이 거리를 이루면 동네 상점가처럼 일상이 단단히 뿌리를 내려 여러 사람이 서로 돕고 도우며 살아가는 공동체가 만들어질지도 모른다. 세 번째 남자 같은 사람들은 도쿄의 랜드마크처럼 꼼꼼히 계획하고 정비해서 근사한 도시를 만들지 않을까.

나는 술집 거리도, 상점가도, 잘 정비된 대도시도 모두 좋아한다. 어떤 곳이든 매력이 있다.

결국 그런 것 아닐까.

'목적'이나 '목표'는 있든 없든 상관없을지도 모른다.

중요한 건 '목적'이 있든 없든 '눈앞에 있는 일에 열심히' 임하는 것이다.

벽돌 쌓는 남자들에 관한 이야기는 지나가던 나그네가 바라본 내용일 뿐, 실제로 하루하루 어떻게 일하는지까지는 담겨 있지 않다.

'목적'을 바라보며 일하는 세 번째 사람 또한 '나그네에게 그렇게 보였을 뿐'이다. 어쩌면 '앞날'만 신나게 떠드느라 정작 눈앞에 주어진 일에는 소홀한 단순한 몽상가일지도 모른다.

결국 지나가는 사람이 어떻게 바라보고 생각하든 중요하지 않다는 뜻이다.

√ 우선은 지금 눈앞에 있는 일을 하는 것이 중요하다.

나한테만 쓸모 있는 일이면 된다

이걸 한다고 무슨 도움이 될까?

아무 소용없는 일 같지만, 왠지 그냥 해보고 싶은 일.

터무니없이 쓸데없는 생각이지만, 해보면 왠지 재미있을 것 같은 일.

만약 그런 일을 발견했다면 꼭 붙잡자.

둘도 없이 소중한 기회니까.

쓸데없고 하찮아 보이는 일은 어쩌면 새로운 세상을 열 열쇠가 될지도 모른다.

오늘부터 매일 한 덮밥 체인점에서 밥을 먹기로 한다면 어떨까?

하루는 쉽다. 사흘도 아마 가능할 것이다.

그런데 한 달이라면? 1년이라면? 그동안 계속하기란 자못 어렵다.

하지만 그런 쓸모없어 보이는 일이야말로 꾸준히 지속했을 때 무언가 예상치 못한 일이 일어날지도 모른다.

실제로 1000일 넘도록 '스키야'라는 일본의 소고기덮밥 체인점에서 매일 밥을 먹은 사람이 있다. 그는 그간의 행동이 화제를 모아 순식간에 엄청난 인기를 얻었다. 1000일 동안 꾸준히 지속하면 누구나 그런 사람이 될 수 있다.

쓸모없어 보이는 일도 한결같이 거듭하면 의미 없는 일에 가치가 생겨난다.

예를 들어 〈드래곤 퀘스트 V〉를 몇백 시간이나 플레이해서 어린 주인공의 레벨을 99까지 올린다면 이떨까. 다른 사람들이 노리는 게임의 주목적이 아니라 그리 중요하지 않은 게임의 일부에 엄청난 시간과 수고를 들여 끊임없이 파고드는 유튜버가 있다.

모두 한 번쯤 생각은 하지만 실제로는 귀찮고 번거로워서 아무도 하지 않는 일을 계속하는 것이다.

이처럼 한 가지를 꾸준히 하면 언젠가 직업이 될 수도 있다.

언뜻 보면 의미가 없어 보이는 일일수록 꾸준히 했을 때 상상치 못한 가치가 탄생할 '기회'가 잠들어 있다.

정말 아무짝에도 쓸모없어 보이는 일을 해보자.

이를테면 '절대 현관문 사용하지 않기'. 아무 의미도 쓸모도 없어 보인다. 그래도 집을 나설 때나 집으로 들어갈 때 현관을 쓰지 않는 것이다.

온갖 수단을 동원해 다양한 방법으로 자기 집에 침입한다.

그러다 바깥에서 창문을 잠그는 방법도 개발한다.

이것을 몇 년이나 계속한다. 그러면 '현관으로 드나들지 않는 사람'이라는 개성이 생긴다.

특별한 점 하나 없는 지나치게 평범한 사람이지만, '현관만은 결코 쓰지 않는 특별한 자신'으로 살아갈 수 있다.

"그래서 뭐?"

이런 반응이 돌아올 수도 있지만, 사실 모든 개성과 정체성은 그 가치를 알지 못하는 사람에게는 아무래도 상관없는 것에 불과하다.

그럼에도 쓸모없는 일을 꾸준히 하다 보면 '현관이 아닌 곳
으로 드나드는 행동'의 진정한 의미를 발견할 수도 있고, 어
쩌면 '현관으로 드나들지 않는 것이야말로 행복하게 사는
유일한 방법'이라는 깨달음을 얻어 책을 쓸지도 모른다.

무언가를 끝까지 추구한다는 것은 바로 이런 것이다.

오직 그 사람만이 아는 세계가 눈앞에 펼쳐진다.

나아가 '현관문 이용하지 않기' 전문가로서 세상의 주목을
받을지도 모른다. 혹은 주목받지 못하더라도 '나는 현관으로
드나들지 않는 사람'이라는 정체성은 확실하게 자기 자신
안에서 새로운 자신을 형성할 것이다.

언뜻 보기에 쓸모없어 보이는 일을 꾸준히 하면, 세상에서
오직 그 사람에게만 존재하는 개성이 탄생한다.

나도 평소 쓸모없는 일을 꾸준히 한다.

〈모여봐요 동물의 숲〉이라는 게임에서 라라미라는 다람쥐
캐릭터에게 매일 선물을 한다. 벌써 2년 넘게 하고 있다.

라라미. 나의 '최애' 캐릭터다.

라라미와의 만남은 닌텐도DS 버전 〈모여봐요 동물의 숲〉으
로 거슬러 올라간다. 나는 2005년 게임이 출시된 날부터 9년
동안 매일 이 게임을 하면서 시든 꽃에 꾸준히 물을 주어 온

동네를 한 군데도 빠짐없이 꽃으로 가득 메웠다. 그리고 첫 주민이었던 라라미에게도 한결같이 인사를 했다. 가끔씩 라라미가 마을 밖으로 이사를 가려고 하면 필사적으로 붙잡았다. 9년간 매일 얼굴을 마주하는 동안 어느덧 라라미는 내게 아주 소중한 존재가 되었다. DS판 〈동물의 숲〉을 마칠 때는 라라미를 만나지 못한다는 점이 가장 마음에 걸렸다.

그러다 닌텐도 스위치 버전 〈모여봐요 동물의 숲〉에서 라라미를 다시 만났다. 2년 전이었다. 어느 날 라라미가 섬으로 이사를 왔다. 그때부터 날마다 라라미에게 인사하고 선물을 건네고 함께 사진을 찍는 덕질이 시작되었다. 라라미가 이사를 온 날부터 하루도 거르지 않고 계속하고 있다. 아무래도 상관없고 아무 쓸모도 없는 일이다. 그런다고 뭔가 일어나리라고도 생각지 않는다.

하지만 '세상에서 오직 나만이 가치를 알아보는 일'이 있다는 사실, 그것만으로도 충분하지 않은가.

정말 쓸데없으니 그만둬야겠다는 마음이 들면 그때 그만두면 된다. 그러나 그 쓸데없는 일을 거듭한 끝에 뭔가 상상도 못 한 세계가 기다리고 있을지도 모른다.

아무런 도움도 되지 않는다는 생각이 들어도 조금쯤은 더

해봐도 괜찮지 않을까? 새로운 세상을 열 계기는 아무도 거들떠보지 않는 시시한 일 속에 잠들어 있다.

그 문을 여는 열쇠는 '누구나 할 수 있는 일을 아무도 하지 않을 만큼 오래 하는 것'이다.

✓ 쓸모없어 보이는 일을 누구보다도 오래 계속하면 새로운 세상이 열린다.

하기 싫을 때가 오히려 기회다

하고 싶은 일이 도무지 떠오르지 않을 때.

쓸데없는 일도 굳이 하고 싶지 않을 때.

그럴 때는 어떻게 해야 하는가.

'하고 싶지 않은 일'을 해보면 어떨까?

왠지 내키지 않는가? 충분히 이해한다.

내 마음인 것처럼 깊이 이해한다.

누구나 싫어하는 일은 하고 싶지 않으니 말이다.

그런데 하기 싫다고 느끼는 일, 거북해서 멀리하는 일은 애초에 왜 하기가 싫고 거북할까?

재미있지 않아서? 하면 귀찮아서? 피곤하니까?

하지만 어쩌면 그렇게 믿고 있을 뿐, 실제로 해보면 전혀 그렇지 않을 수도 있다.

나에게는 청소가 그런 일이었다.

가능한 한 하고 싶지 않은 일의 대명사가 바로 청소였다.

그런데 그 무렵 읽던 책에 '아침에 청소를 하는 습관은 매우 좋다'는 이야기가 연거푸 등장했다.

한 권뿐이었다면 흘려 넘겼겠지만, 며칠 뒤 읽은 책에도 같은 이야기가 쓰여 있기에 일상생활에 적용해 보기로 했다.

다만 청소란 제법 난이도가 높다. 그래서 되도록 부담이 되지 않는 방법으로 시작했다.

처음에는 아주 작게. 금요일 아침 거실에 있는 텔레비전 선반 닦기. 토요일 아침은 작업실에 놓인 책상과 책장 위 닦기.

사실 닦는다기보다는 먼지를 털어낸다는 느낌이었다.

작은 먼지떨이 같은 도구로 삭삭 털어내면 끝이다.

일주일에 두 번, 1분도 걸리지 않는 작은 일부터 시작했다.

얼마간 이렇게 하다가 어느 정도 익숙해졌다 싶은 시기를 가늠해서 방식을 바꾸었다.

매일 신경 쓰이는 부분을 청소하기 시작했다. 오늘은 부엌을 깨끗이 닦아볼까? 오늘은 욕실을 청소하자! 이렇게 매일 한 곳씩 청소하고 싶은 곳을 골라 깨끗이 닦기 시작했다.

'먼지 삭삭 털어내기'에서 '깨끗이 닦기'로 수준이 높아진 셈이다.

예를 들어 부엌에서는 특히 국자와 주걱을 꽂아놓은 용기가 그동안 줄곧 신경 쓰였다.

기름이 튀어 더러워졌는데 닦을 엄두를 내지 못하고 있었다. 그 용기를 깨끗이 닦아보기로 했다. 그런데 기름때가 쉽사리 사라지지 않았다. 그래서 반 정도 닦은 다음 그다음 주에 다시 도전했다. 그런 식으로 몇 주에 걸쳐 한 곳을 깨끗이 닦았다.

청소를 하다 보니 무언가를 깨끗이 닦는 일은 생각보다 기분 좋다는 사실을 깨달았다.

때가 빠지고 깨끗해지는 모습을 보면 무척 기분이 좋다.

게다가 닦는 동안은 아무 생각도 들지 않고 머릿속이 호수처럼 잔잔해진다.

'이게 바로 마인드풀니스, 즉 마음챙김이구나'라고 생각했다.

그 뒤로는 요일마다 장소를 정해서 매일 잊지 않고 청소를
하기 시작했다.

- 월요일: 욕실, 조깅 후 샤워하고 나서
- 화요일: 부엌, 양치질한 다음
- 수요일: 화장실, 처음 화장실에 갔을 때
- 목요일: 세면대, 양치질한 다음
- 금요일: 거실, 양치질한 다음
- 토요일: 작업실, 양치질한 다음
- 일요일: 화장실, 처음 화장실에 갔을 때

이런 일정에 맞춰서 매일 청소를 하기로 했다.
처음 1년 정도는 '청소하기 귀찮네'라고 생각하며 했다.
그런데 1년쯤 계속했더니 생각이 완전히 바뀌었다.

싫어했던 청소를 좋아하게 되었다.
청소가 어느새 '즐거운 일'로 바뀌었다.
"아, 여기를 놓쳤다니!"
내가 미처 보지 못한 부분을 찾아내서 말끔하게 청소하는
게임처럼 바뀌었다.

어떤 도구가 좋을지도 생각하게 되었다.

아무리 해도 때가 빠지지 않을 때는 어떻게 해야 하는지 알아보고 필요한 물건을 샀다. 그리고 그런 과정을 즐기게 되었다. 정말 나도 모르는 사이에 그렇게 바뀌었다.

달라진 이유는 단순하다.

매일 계속했기 때문이다. 청소를 매일 생각했다.

누군가 시켜서가 아니라 스스로 방법을 생각하고 기록하고 궁리하고 실험하고 고민해서, 그리고 그만두지 않고 꾸준히 반복했다.

날마다 거의 정해진 타이밍에 각기 다른 곳을 청소했다.

오늘은 어디어디를 깨끗하게 만들었다고 메모를 남겼다.

기록이라고 해봤자 스마트폰에 짧게 쓰는 것뿐이었다.

2022년 4월 1일 금요일

거실 바닥 청소.

작은 쓰레기통과 텔레비전 리모컨 등을 닦았다.

다음에는 어디를 말끔히 청소할지 두근두근 설레는 마음으로 생각하는 나의 모습에 깜짝 놀랐다.

베란다에 있는 에어컨 실외기를 닦기도 하고, 그러다 통기구 뚜껑의 먼지를 발견하기도 하면서 청소하는 범위가 점점 넓어졌다.

어느새 "청소하기 귀찮네"가 "다음은 어디를 깨끗하게 만들까?"로 바뀌었다.

설마 내가 청소를 즐기는 날이 올 줄이야.

정말 믿기지 않는다.

뛰어난 재능을 만드는 가장 중요한 요소는 몇 번이고 반복하는 것, 몸에 밸 때까지 몇 번이고 거듭하는 것이라고 어딘가에 쓰여 있었다.

'하고 싶지 않다', '싫다'라는 생각은 그저 편견일지도 모른다. '좋아한다'로 들어설 입구를 조금만 고민해서 시도하면 싫다는 생각이 완전히 사라질 수도 있다.

그리고 그렇게 계속하다 보면 자기도 모르는 사이에 '좋아하는 일'이 될지도 모른다.

나는 글쓰기가 어렵고 싫다는 생각을 쉽사리 극복하지 못했다. 그럼에도 어려워하는 일을 몇 년이나 한결같이 거듭한 끝에 이렇게 책도 쓰게 되었다.

여전히 어렵지만, 그것이 나의 '일'이 되고 있다.

그리고 날이 갈수록 글쓰기가 점점 좋아지고 있다.

어렵게 여기는 일이나 하고 싶지 않은 일을 끊임없이 거듭하면, 어마어마한 힘을 손에 넣을 수 있다.

우선 어려움을 극복하면 '싫다'고 생각하는 사람의 마음을 잘 아는 만큼 여러모로 유리하다. 어떻게 극복했는지 다른 사람에게 알려줄 수 있기 때문이다.

다시 말해 새로운 직업을 얻는 일로도 이어진다. 그리고 그것이 자신이 생각조차 해본 적 없는 미래로 데려가 줄지도 모른다. 실제로 나는 내가 좋아하지 않는 일과 마주한 결과, '책을 쓴다'는 상상도 못 한 미래로 떠나고 있다.

'싫다', '하고 싶지 않다'라고 생각하는 일을 작게 반복해 보자. 어쩌면 거기에 커다란 재산이 잠들어 있을지도 모른다.

√ '하기 싫은 일'일수록 해본다.

자신만의 취향 기록하기

어느 날 문득 깨달았다.

뭔가를 '좋아하는 마음'은 스스로 만들 수 있다는 것 말이다.

방법은 아주 간단하다.

'기록'을 하면 된다.

'대체 무슨 소리야?' 고개를 갸우뚱할지도 모른다.

하지만 아무리 생각해도 좋아하는 일을 찾을 수 없을 때는
부디 꼭 한번 시험해 보기를 바란다.

뭔가 작은 취향 하나를 찾아서 기록하면 된다.

예를 들면 드라마가 있다.
나는 드라마를 좋아한다. 어릴 적에는 거의 보지 않았지만,
사회에 나오고 나서는 이것저것 다양하게 보기 시작했다.
얼마 전 2001년에 쓴 일기를 들여다보다가 이런 글을 발견
했다.
"앞으로는 그때그때 방영되는 드라마는 전부 다 봐야겠다."
무슨 스위치가 켜졌는지 그때 이후로 텔레비전에서 방영되
는 드라마는 되도록 모두 챙겨 보기 시작했다.
최근에는 드라마를 볼 때 새로운 습관 하나를 추가로 만들
었다. 그랬더니 이전보다 드라마를 보는 즐거움이 한층 커
졌다. 새로운 습관이란 매우 간단하다.

바로 '기록'이다.
드라마 속에서 내가 특히 눈여겨보는 포인트를 찾아서 기록
하고 수집하기 시작했다.
나는 책을 디자인하는 일을 하다 보니 드라마 소품으로 책
이 나오면 유독 눈길이 가고 신경이 쓰인다.
그래서 어느 날 그것을 기록하고 수집하기 시작했다.

드라마 속에 소품으로 책이 등장하면 스마트폰 카메라로 텔레비전 화면을 찍고 드라마 제목과 몇 화에 나왔는지 메모한다. 나중에 그것이 실제로 있는 책인지, 소품으로 만든 책인지 알아본다.

단지 그뿐이지만, 아주 재미있고 흥미롭다.

때로는 아주 잠깐 화면에 비치는 소품인데도 불구하고 엄청나게 공들여 디자인한 표지가 나오기도 한다.

확대해서 보면 띠지까지 꼼꼼히 글자가 적혀 있고, 알고 보니 내용이 등장인물 소개인 경우도 있다.

실제로 있는 책의 디자인을 모티프로 삼을 때도 있는데, 그 책을 찾아보는 것도 디자인 트렌드를 파악하는 데 큰 도움이 된다.

주인공의 직업이 디자이너인데, 등장인물의 성장을 디자인의 변화를 통해 자연스럽게 드러내도록 설정한 독특한 드라마도 있다. 〈혼인 신고서에 도장을 찍었을 뿐인데〉라는 일본 드라마다.

드라마 초반에 주인공이 디자인한 책은 모양새가 엉성하지만, 마지막 화에 나오는 디자인은 같은 사람이 만들었다고 믿기지 않을 만큼 완성도가 높아서 주인공이 크게 성장했음을 자연히 보여준다. 아마 그 지점을 눈치챈 사람은 아무도 없을 것이다. 아무래도 아주 잠깐 화면에 비쳤을 뿐이니 말이다.

하지만 이렇게 한 부분에 초점을 맞추었더니 작품의 재미가 몇 배나 커졌다.

그런가 하면 드라마에 나오는 책이 실제로 존재하는 경우도 있다.

가끔 내가 디자인한 책이 나와서 "오오!" 하고 놀랄 때도 있다. 일본 드라마 〈너의 꽃이 될래〉 8화에서 블룸이라는 아이돌 그룹의 멤버가 공부하려고 어떤 책을 읽는데, 내가 디자인한 《카메라, 시작해보려 합니다》라는 책이어서 왠지 기분이 좋았다.

이렇게 실제로 존재하는 책이 쓰였을 때는 가끔 예상치 못한 사실을 발견하기도 한다.

예를 들면 월요일 9시에 방영되었던 드라마 〈한여름의 신데렐라〉의 8화에서는 배우 마미야 쇼타로가 연기하는 주인공의 집 책장에 어린 시절 부모님에게 선물받아 버리지 못하는 동물도감이 놓여 있다. 그런데 알아보니 지금의 표지와 디자인이 달랐다. 드라마의 설정상 선물을 받은 당시, 즉

15년 전에 판매되었던 도감의 디자인을 그대로 가져온 것이었다. 한 부분을 눈여겨보면 드라마의 이런 세세한 디테일까지 알아챌 수 있다.

반대로 아주 잠깐 등장하는 가상의 잡지를 만들기 위해 방대한 양의 자료를 준비하는 경우도 있어서 드라마를 제작하는 데 얼마나 많은 시간과 정성이 드는지 새삼 깨닫고 감탄하게 된다.

적당히 "소품입니다"라는 듯이 대충 만든 책도 있지만, 그건 그거대로 귀엽고 재미있어서 좋다. 참고로 최근에 특히 만듦새가 좋다고 느낀 소품은 수요 드라마 〈오! 마이 보스! 사랑은 별책으로〉에서 주인공들이 만드는 패션 잡지 《MIYAVI》와 2화에 등장하는 《요비가미-환신》이라는 가상의 만화책, 아침 드라마 〈날아올라라!〉 속 '데라시네'라는 고서점의 오래된 서적들, 그리고 〈파트너〉 시리즈에서 수수께끼의 힌트로 등장하는 가상의 소설(거의 매 파트너들마다 책과 얽힌 이야기가 나온다) 디자인은 완성도가 매우 높아 매번 놀란다. 이 이야기를 한번 시작하면 영원히 끝나지 않으니 이만 줄여야겠다. 그만큼 나누고 싶은 이야기가 많아진다.

드라마에 나오는 가구에 주목하는 사람도 있다. 드라마 세트에 가구가 나오면 어느 브랜드의 어떤 가구인지 조사한다고 한다. 그런 습관도 참 재미있을 것 같다.

드라마뿐만이 아니다.

길을 지나다니다 마주치는 맨홀을 기록해도 좋고, 여러 집과 가게들의 유리창 사진을 찍어서 수집하는 것도 좋다(얼마 전에 그런 사진을 모아놓은 전시회에 다녀왔다).

최근 내가 새로 시작한 일은 '악어 영화' 찾기다.

원래 악어가 나오는 영화를 좋아하는데(실제 악어는 싫다), 생각지 못한 악어 영화를 찾기 위해 일명 '악어 메모'를 하는 습관을 들였다. 살인 도구로 악어가 등장한다든지, 악어 자체는 나오지 않지만 그 늪에 악어가 있음을 암시하는 장면이 나온다든지, 그런 '숨겨진 악어 영화'를 찾아 메모한다. 너무 마니악하고 아무 도움도 되지 않지만, 이런 관점으로 보면 생각보다 다양한 악어 영화가 존재한다는 사실을 알 수 있다.

완전히 악어 영화라 해도 과언이 아닌 공포영화 〈펄〉은 물론, 호화찬란한 할리우드의 황금기를 그린 〈바빌론〉도, 조용한 분위기의 미스터리 영화 〈가재가 노래하는 곳〉이나 코미

디 영화 〈러브 스파이: 바브 앤 스타〉도, 단 한순간도 악어가 나오지 않는 〈타르〉도 악어 영화로 볼 수 있다.

"대체 어디가 악어 영화인데?"

불쑥 이런 말이 튀어나올지도 모른다.

하지만 그러면 뭐 어떤가.

아직은 막 시작했을 뿐이지만, 모으고 모으다 보면 오직 나밖에 모르는 세계가 펼쳐질 것이다.

세상에서 오직 나만이 알고 있는 남다른 포인트를 기록해보자.

사진을 찍어도 좋고 메모를 한 줄 써도 좋고 숫자를 기록하는 것도 좋다.

우연히 발견했을 때 기록하고 싶은 것을 한 가지 정해두자.

그것만으로도 세상이 즐거워진다.

'좋아하는 것'은 기록에 의해 저절로 만들어진다.

아무도 바라보지 않을 법한, 오직 나에게만 특별하게 느껴지는 부분을 찾아 기록하면 된다.

평소 그냥 지나칠 만한 부분을 조금만 더 눈여겨보고 기록으로 남기는 것이다.

그저 기록하기만 하면 된다.

'기록하기', 그 한순간의 '귀찮음'을 뛰어넘으면 나의 세계가 넓어진다.

✓ **기록하면 새로운 세계가 나타나고 인생이 재미있어진다.**

평소 하는 일 기록하기

특별한 일이 아닌, 날마다 평범하게 하는 일을 기록하기만
해도 세상은 더 넓어진다.

기록은 더 넓은 세상으로 가는 입구다.

예를 들면 먹는 음식을 기록하는 것도 좋다. 나는 매일 아침
낫토(콩을 삶아 발효시킨 음식으로 한국의 청국장과 닮았으나 발효균
과 발효 시간 등에서 차이가 난다-옮긴이)를 챙겨 먹는데, 매일 아
침 어떤 낫토를 먹었는지 기록했더니 세상이 조금씩 달라지
기 시작했다.

어느 날 슈퍼마켓에서 낫토 코너를 둘러보다가 문득 이런 생각이 들었다.

'어? 낫토는 종류가 얼마나 될까?'

한 슈퍼마켓에서도 낫토를 대여섯 가지는 판매한다. 다른 슈퍼에 가면 또 다른 낫토를 취급한다.

낫토란 대체 종류가 얼마나 되는 걸까?

그런 궁금증을 해결하고 싶어서 그날부터 되도록 먹어보지 않은 새로운 낫토를 사서 먹기 시작했다. 그리고 잊지 않도록 그날 먹은 낫토를 기록했다.

아래는 맨 처음 낫토에 관해 기록한 내용이다.

2021년 12월 14일

'닌교초이마한의 스키야키 육수로 맛보는 헤이케낫토'

소스가 달다. 콩은 맛있지만 아침에 밥 없이 따로 먹기에는 맛이 너무 강해서 낫토만 먹기는 힘들 것 같다. 밥에 얹어서 점심으로 먹어봐야겠다.

계획했던 대로 점심에 밥에 얹어서 먹어보았다. 역시 이 낫토는 밥이 필수다. 달걀을 넣어 먹어도 좋을 것 같다. 그러면 완전히 스키야키(얇게 썬 소고기와 각종 야채 등을 간

장과 설탕 따위를 넣은 국물에 자작하게 끓이며 먹는 전골 요리-
옮긴이)가 아닌가.

이렇게 그날 맛본 낫토에 대해 기록하기 시작했다.

기록을 남기기 시작한 뒤로 새로운 사실들을 발견했다.
아니, 좀 더 정확하게 말하자면 낫토에 대해 내가 아무것도
몰랐음을 깨달았다.
낫토에 쓰이는 콩은 종류가 여러 가지다. 게다가 브랜드나
생산지에 따라 각기 다른 특징이 있으며 포장에도 개성이
있다. 그뿐만 아니라 독특한 낫토가 셀 수 없이 많다. 그런
새로운 사실을 알게 되었다.
낫토는 크게 '대립', '중립', '소립', '극소립' 등 콩의 크기에 따
라 나뉘며, 콩을 얼마나 잘게 으깨서 발효했는지에 따라서
도 나뉜다. 더불어 미쓰칸이나 아즈마식품 등 여러 브랜드
별로 제법 많은 상품이 나와 있다. 특히 큰 기업에서 만드는
낫토는 소스와 고명이 다채로워서 종류가 더 다양하다.
게다가 백화점이나 유기농 식품을 다루는 가게에서는 산지
에서 직접 들여오는 지역 특산 낫토를 판매하기도 해서 집
근처만 둘러보아도 쉽사리 섭렵하기 어려울 만큼 다양한 낫

토가 판매되고 있다.

요즘은 독특한 소스나 고명을 이용한 낫토가 많아서 특히 재미있다. 낫토를 기록하는 계기가 된 '닌교초이마한의 스키야키 육수로 맛보는 헤이케낫토'라는 상품도 "스키야키를 먹은 다음 낫토와 밥을 곁들여 먹으면 맛있지 않을까?" 하는 아이디어에서 탄생하지 않았을까 싶다. 그 밖에도 미쓰칸의 '긴노쓰부(황금 알갱이) 버터 간장 소스' 같은 색다른 낫토나 아즈마식품의 '기슈 지방 매실 향 풍기는 간 무 소스 매실 낫토'처럼 3월에서 9월 사이에만 계절 한정으로 판매하는 상품도 있다.

이렇게 기록을 남기기 시작하자 어떤 변화가 나타났다.

매일 기계적으로 먹기만 했던 낫토가 기록을 통해 '재미있게 즐기는 음식'이 되었다.

기록할 때는 주로 이런 내용을 담는다.

- 몇 팩이 들어 있는지
- 콩의 모양은 어떤지
- 낫토 외에 추가로 무엇이 들어 있는지
- 끈기와 냄새 그리고 맛의 특징은 어떤지

먼저 콩만 먹어보고 그다음 소스를 뿌려 섞어서 먹는다. 그런 식으로 글로 남기다 보니 포장 용기와 안에 든 소스 등을 관찰하는 버릇이 생겼다.

기록을 하면 관찰력이 좋아진다.
브랜드의 개성은 어떤 부분에서 드러나는지, 포장 용기를 어떻게 만들어야 고급스러워 보이는지, 평소 익숙하게 집어 들게 되는 패키지 디자인은 어떤 모양인지 등을 알게 되었다.
처음 보는 낫토라고 생각했는데 알고 보니 내용물은 자주 먹던 낫토와 같고 최근에 포장 디자인만 바뀌었다는 사실을 알아차리기도 했다.
이런 변화는 기록하지 않으면 포착하지 못한다.
그리고 '정통' 낫토에는 양념이나 겨자소스가 들어 있지 않은 경우가 많다는 점도 깨달았다.
정통 낫토만 찾는 소비자들을 위한 연출일까? 아니면 다른 이유가 있을까? 더욱 다양한 생각을 하게 되었다.

그러면서 어느새 내 안에서 '낫토'가 점점 깊어지고 있음을 느꼈다.
1년 동안 단순히 기록만 했을 뿐인데, 낫토에 관해 나눌 수 있는 이야기가 내 안에서 끝도 없이 자라났다.

1년 전에 낫토에 관해 대화를 나누었다면 이 정도로 끝났을
것이다.
"저는 매일 낫토를 먹어요. 건강에 좋을 것 같아서요. 맛도
있고요."

하지만 1년 사이에 180도로 달라졌다.
예를 들어 아즈마식품의 '신슈 아즈미노산 고추냉이 낫토'에
대해 이야기해 보자.
낫토에는 사실 겨자가 아니라 고추냉이를 곁들이는 게 정답
이 아닐까 하는 생각이 들 만큼 맛있었다. 심혈을 기울여 만
든 간장의 맛에 파 향이 감도는 고추냉이의 균형 잡힌 맛, 필
름이 없어 먹기 편한 포장 용기 등 하나부터 열까지 철저히
고민해서 만든 제품이다.
이 낫토의 어디가 어떻게 훌륭한지 끝도 없이 떠들 수 있다.
나는 낫토를 좋아하게 되었고 낫토를 한껏 즐기고 있다.
취미 하나를 새로 얻은 것이나 다름없다.
지금 취미가 뭐냐고 물으면 "낫토"라고 대답할 것이다.

잡담을 할 때 분위기를 돋우고 싶다면 자신이 세 번째로 좋아하는 일에 대해 이야기하는 것이 좋다고 한다.

너무 깊이 빠져버린 일이 주제가 되면 말이 지나치게 많아지지만, 세 번째로 좋아하는 일이라면 적당한 거리감으로 이야기를 나눌 수 있기 때문이다. 대화를 적절한 온도로 달구는 데 제격이라는 뜻이다.

지금 낫토는 나에게 '딱 좋은' 이야깃거리가 될 수 있는 세 번째 취미가 되었다.

며칠 전에도 술집에서 낫토 이야기를 끝도 없이 늘어놓았다 (다시 생각해 보니 너무 민폐였지만).

'기록' 하나만으로도 어쩌면 인생까지 바뀔지 모른다.

지금은 제법 뜨겁게 낫토 이야기를 늘어놓을 수 있다.

어떤 슈퍼마켓에서 어떤 낫토를 취급하는지.

브랜드마다 어떤 특징이 있는지.

어떤 디자인이 가장 맛있어 보이는지.

이런 세세한 이야기까지 나눌 수 있다.

만일 내가 식품 업계로 이직을 고려하고 있다면, 이런 지식은 큰 무기가 될 것이다.

1년간 그저 '기록'을 했을 뿐인데, 사실은 터무니없이 커다란 무언가를 손에 넣은 것일지도 모른다.

'좋아하는 일을 무기로 삼는다'는 건 사실 이런 것일지도 모른다.

아무리 해도 '좋아하는 일을 찾지 못하는 사람'은 우선 평소 매일 하는 일부터 기록해 보면 어떨까.

아침에 먹는 쌀밥의 양을 기록한다든지, 점심에 뭘 먹었는지 써둔다든지, 뭐든 괜찮다.

이러쿵저러쿵 깊이 생각 말고 그냥 기록하기만 하면 된다.

하지만 반년이고 1년이고 매일 계속하면 자연히 메모하는 내용이 조금씩 달라진다.

꾸준히 기록하는 사이 저절로 해상도가 높아진다.

그러면 머지않아 자신이 '좋아하는 것'을 찾을 수 있을지도 모른다.

지난 2년 동안 내가 먹은 감자튀김에 대해 꾸준히 기록하고 있는데, 가게 이름과 가격, 식감과 짠맛 정도만 적었을 뿐인데도 예전보다 감자튀김을 보는 눈이 밝아졌다.

'좋아하는 일'이란 기록 하나로 생각보다 쉽게 손에 넣을 수 있는 것일지도 모른다.

적어도 나는 날마다 낫토에 관해 기록하며 내가 '좋아하는 것'을 새로 얻었다.

✓ 기록은 내가 이 세상을 더 많이 좋아하게 만들어 준다.

좋아하는 것을 계속 좋아하는 노력

좋아하는 것을 언제까지나 변함없이 좋아하기란 사실 쉽지
않다.

이 사실을 새삼 깨달았다.

나도 모르는 사이에 내가 좋아하던 것으로부터 멀어졌음을
어느 순간 알아차렸다.

그게 뭐냐 하면 바로 '만화'다.

스스로도 놀랄 만큼 어느새 만화를 읽지 않게 되었다.

어느 날 깜짝 놀라 어안이 벙벙해졌다.

다른 사람과 이야기를 나누다가 최근에 무슨 만화를 읽었느냐는 질문을 받았는데, 대답이 나오지 않았다.

열심히 기억을 더듬다가 몇 개월도 전에 중간까지 읽었던 《지. -지구의 운동에 대하여-》라는 만화책을 떠올렸다.

반년에 그 만화 한 권뿐. 게다가 중간까지…. 아마 그 외에는 읽은 만화책이 없었다.

뭐?! 그거밖에 없다고? 스스로도 깜짝 놀랐다.

너무 적잖아….

예전에는 만화를 정말 많이 좋아했다. 장르에 상관없이 닥치는 대로 읽었다. 어린 시절부터 집에 있는 책장은 만화방 못지않게 온갖 만화책으로 가득했다.

한때 '이 만화가 대단해!'의 선정 위원으로 활동할 만큼 많이 읽었다. 언제까지였는지는 잊어버렸지만, 2009년까지는 줄곧 글을 기고했다.

순정만화를 특히 사랑했고 청소년을 대상으로 한 소년만화나 성인을 대상으로 한 만화도 모두 아끼고 좋아했다.

그런데 이제는 반년에 한 작품밖에 읽지 않는다니. 게다가 끝까지 다 읽지도 않고….

생각해 보면 만화를 읽는 시간이란 아주 사치스럽다.
오로지 만화에만 집중해야 하고, 찬찬히 음미하고 싶어서
읽는 데도 시간이 걸린다. 매우 사치스러운 시간이다.
그래서 시간이 넉넉할 때 천천히 음미해야겠다는 생각이 든
다. 하지만 그런 시간은 좀처럼 찾아오지 않는다.
좋아하는 일일수록 아무런 방해 없이 오롯이 마주하고 싶은
마음이 든다. 그래서 시간을 내지 못한다.
새로운 만화도 특히 인기 있는 작품은 일단 사 오기는 하지
만, 전혀 읽지 않아서 그냥 쌓아만 둔다. 그렇게 쌓이고 쌓이
다 보면 어차피 읽지 않을 테니 사지 않아도 된다면서 어느
새 궁금한 만화도 구입하지 않게 된다. 그렇게나 좋아했건
만, 더없이 행복한 시간이었건만, 자신도 모르는 사이에 거
리가 생긴다.

어? 좋아하는 거 아니었어?
그렇다. 딱히 싫어진 것도, 관심이 없어진 것도 아니다.
여전히 좋아하는데도 불구하고 오히려 어느새 우선순위가
낮아졌다.

좋아하는 일로부터 멀어지는 가장 큰 이유는 싫어져서나 싫증이 나서가 아니라, 오히려 너무 소중하게 여긴 나머지 벽이 높아져서 어느새 거리가 벌어졌기 때문일지도 모른다.

뭔가 손을 쓰지 않으면 완전히 멀어져 버릴지도 몰라.
어떻게든 해야만 해! 뭔가 대책을 강구해야 해.
그런데 시간이 너무 없잖아!

없는 시간은 만들 수밖에 없다.
그럴 때는 이게 바로 정답이다.
하루에 5분이라도 좋으니 무조건 하기!
없는 시간은 아침에 만든다!

그래서 아침 습관으로 하루 5분씩 만화를 읽기 시작했다.
뭐가 되었든 하루에 5분간 반드시 만화를 읽는 것이다.
딱 5분, 대개 하루에 한 화쯤. 매일 아침 거르지 않고 읽기로 했다.

가장 먼저 읽은 책은 가오 옌 작가의 《초록의 노래 -수집군풍-》이라는 만화였다.

이 책을 읽고 싶어서 만화 읽는 습관을 들였다 해도 과언이 아니다.

일본의 대중문화에 영향을 받은 여자의 일상을 그린 쌉싸름한 청춘 만화로, 작가는 대만 사람이다. 작품은 아주 감성적이다. 기쁘고 슬프고 허무한 감정이 한데 뒤섞인 아주 근사한 작품이다. 대만 작품인데 일본 음악이 소재라는 점도 왠지 흥미롭다. 매일 한 화씩, 그 에피소드에 등장하는 음악을 들으며 읽었다.

저자가 직접 디자인한 표지도 매우 멋지다.

책 자체로도 너무나 근사했다. 그렇게 다시 만화를 읽는 나날이 시작되었다.

하루 5분 정도에 불과하니 분량은 많지 않다.

빼먹지 않고 읽어도 한 달에 약 다섯 권.

하지만 그전까지는 0권이었으니 크게 발전한 셈이다.

혁명이라 해도 좋을 정도다.

요즘은 거리낌 없이 만화책을 살 수 있게 되었다.

언젠가는 반드시 읽을 테니까.

0보다는 1이 낫다.

일반적으로 생각하면 만화를 읽으려고 노력을 하다니 어처구니없는 일일지도 모른다.

하지만 작은 일을 하찮게 여기고 오로지 중요한 일만 하다가는 정말 재미없는 인생이 되지 않을까?

좋아하는 것을 계속 좋아하기 위한 노력.

좋아하는 것을 변함없이 좋아하는 배짱을 기르자.

앞으로 이어질 긴 인생에서 자신을 든든히 붙잡아 주는 것은 조금도 중요해 보이지 않는 사소한 것의 힘이 아닐까.

✓ 조금씩 꾸준히 해서 좋아하는 것을 되찾자!

꾸준히 하며

발견한 것들

하루 5분, 불가능을 가능으로

몇 년 전부터 매일 아침 춤을 추기 시작했다.

하루에 딱 5분.

겨우 5분. 하지만 효과는 엄청나다.

겨우 5분이라도 날마다 계속하면 커다란 변화가 일어난다.

나는 춤을 추면서 최근 몇 년 사이 '꾸준함'의 즐거움을 가장 크게 실감했다.

하루 5분씩 꾸준히 춤을 추면서 인생에서 중요한 것들을 모두 배운 듯한 기분도 든다.

250

계기는 어쩌다 떠오른 생각 때문이었다.

48세를 1년 앞둔 47번째 생일에 처음 춤을 추기 시작했다.

이야기가 조금 길어지겠지만, 춤 연습을 시작한 처음 1년간의 기록을 소개하고자 한다.

'무언가를 끝까지 해내는 데' 필요한 것들은 여기에 모두 담겼다 해도 과언이 아니다.

시작은 친구가 "이거 대단하지 않아?"라며 보낸 춤 동영상이었다. 영상을 들여다보니 확실히 엄청났다.

마이클 잭슨이 선보인 춤의 역사를 되짚어 보며 모든 안무를 짧게 응축해서 담아낸 5분짜리 춤 영상이었다. 마이클 잭슨이 보여준 춤의 진수를 불과 5분짜리 영상에 꽉꽉 눌러 담은 듯했다.

정말 대단했다.

그때 무언가 불쑥 끓어올랐다.

"나도 춰보고 싶다."

1년 뒤 48번째 생일까지 이 춤을 출 수 있게 된다면….

문득 그런 생각이 들었다.

48세. '신파치新八'라는 내 이름처럼 새로이 여덟이라는 숫자를 맞이하는, 더욱 특별한 생일이었다.

그래서 뭔가 기념이 될 만한 일을 해보고 싶었다.

다만 어떻게 하면 좋을지는 짐작도 가지 않았다.

우선 시간이 턱없이 부족했다. 일거리는 날이 갈수록 늘어나고 그 밖에 할 일도 많았다.

춤을 배우러 갈 시간은 눈을 씻고 찾아봐도 없는 데다 애초에 누구에게 배워야 할지조차 알 수 없었다. 코로나 때문에 실제로 배우러 갈 수 있는지도 알 수 없고…. 그러면 어떻게 해야 할까.

고민해 봤자 소용없다. 잘 모르지만 일단 해보는 수밖에.

그래서 이런 식으로 춤을 연습하기 시작했다.

먼저 목표를 세운다

어떻게 할지 계속 고민하기보다는 먼저 나만의 목표를 정하기로 했다.

언제까지 무엇을 하면 좋을까.

목표는 1년 후 생일날까지 안무를 외워서 춤추는 영상을 찍는 것.

우선 목표와 기한을 정했다. 목표는 안무를 모두 외워서 영상을 촬영하는 것이고 기한은 1년이다. 이제 할 일이 구체적으로 정해졌다. 이것이 첫걸음이었다. 바로 달력을 펼쳐서 생일 날짜에 "춤 영상 찍기"라고 적어두었다.

➡ 1단계 **구체적인 목표와 기한을 정한다.**

구체적인 방법을 생각한다

그렇다면 어떻게 해야 목표를 달성할 수 있을까?

가장 쉬운 방법은 가르쳐 줄 사람을 찾는 것이었다. 그래서 인터넷으로 검색했다.

인터넷으로 조사해 보니 마이클 잭슨의 춤을 전문으로 가르치는 강사는 물론, 학원도 있는 듯했다.

그러나 배우러 가기에는 걸리는 부분이 너무 많았다. 원래도 하는 일이 너무 많아서 뭔가를 추가하기는 불가능한 상태인 데다 무리해서 하려고 하면 틀림없이 하기 싫어질 터였다. 따라서 어떻게든 너무 애쓰지 않고 내가 할 수 있는 선에서 해보고 싶었다.

그럼 혼자 공부해서 해보자.

동영상을 보면서 따라 할 수 있는 데까지 해보자.

한꺼번에 몽땅 외우기는 어려울지도 모르지만, 하루에 1초씩 아주 조금씩 외우다 보면 어떻게든 되지 않을까?

일을 할 때와 마찬가지다. 어려운 일도 잘게 쪼개면 작은 작업들을 합친 덩어리가 된다.

총 5분짜리 안무도 아주 세세하게 분해해서 조금씩 외우면 어떻게든 되리라는 생각이 들었다. 그래서 구체적인 연습 방법도 궁리했다.

❶ 하루에 5분씩 독학으로 연습: 동영상을 보면서 내 힘으로 어찌어찌해 본다(5분짜리 노래니까).

❷ 안무를 조금씩 외우기: 하루에 1초씩 외우면 300일 안에 안무를 모두 외울 수 있다.

❸ 반드시 매일 연습하기: 아침 루틴에 연습 시간을 5분 추가한다.

하루에 5분쯤이라면 무리하지 않고 할 수 있을 것 같았다.

그야말로 되는대로 해보기, 내 나름의 방법으로 해보기였다.

➡ 2단계 **어떻게 할지 가능한 한 구체적인 방법을 궁리한다.**

우선 할 수 있는 일을 한 가지 한다

자, 이제 할 일은 모두 정해졌다.

'내일 아침부터 연습해야지!'

이렇게 생각하기 쉽지만, 사실 이런 흐름은 좋지 않다.

내일부터 시작한다는 결심은 의지가 웬만큼 강한 사람이 아니고서는 대부분 실천하지 못한다.

그러므로 우선 오늘 할 수 있는 일을, 지금 당장 할 수 있는 일을 한 가지 해두는 것이 좋다.

동영상을 한 번 꼼꼼히 들여다보며 머릿속에 그려보는 것도 좋지만, 나는 첫날 좌우 반전 영상을 만들었다.

영상을 보면서 그대로 따라 추면 좌우가 반대가 되어버린다. 문제없이 그대로 따라서 추려면 좌우가 반전된 거울모드 영상이 꼭 필요할 듯했다. 그래서 내가 지금 바로 할 수 있는 일, 그러니까 좌우 반전 영상을 만들기로 했다.

첫날은 그렇게 동영상을 만들어서 스마트폰에 저장했다.

내일은 영상을 보면서 연습을 시작한다!

➡ 3단계 **뭐든 괜찮으니 지금 당장 할 수 있는 일을 한 가지 한다.**

한다고 결심했으면 매일 한다

여기까지 왔다면 그다음은 아주 단순하다.

정해둔 대로 하는 것뿐!

매우 간단하다. 이를 실천하는 비결은 오직 하나뿐이다.

"매일 한다!"

벌써 몇 번이나 이야기했지만, 방법은 이것밖에 없다.

아무튼 한다고 마음먹었으면 매일 하면 된다.

일이 너무너무 바빠도, 아침 일찍 볼일이 있어도, 여행을 하는 중이어도 예외는 없다.

하루 5분이라는 시간을 설정한 이유는 매일 거르지 않기 위해서다.

날마다 절대 무리는 하지 않기. 그저 꾸준히 계속하기.

의지가 아주 강한 사람은 그렇게까지 할 필요는 없을지도 모르지만, 나처럼 자꾸 게으름을 피우는 사람에게는 이 방법뿐이다.

느슨하게라도 매일 꾸준히 하면 저절로 계속 이어진다.

매일 하면 정말 오래도록 지속된다. 어찌 되었든 그만두지 않으면 그것만으로도 충분하다.

➡ 4단계 **무슨 일이 있든 매일 한다.**

작게 작게 같은 일을 반복한다

내가 한 일은 아주 간단했다.

동영상을 보면서 조금씩 동작을 외웠다. 그야말로 흉내 내기였다.

매일 연습을 시작할 때는 먼저 외운 곳까지 한 번씩 춤을 춰보았다. 처음에는 겨우 몇 초밖에 되지 않았지만, 서서히 길어졌다.

날마다 출 수 있는 안무가 초 단위로 아주 조금씩 늘어났다. 처음에는 1초였지만 일주일 뒤에는 7초가 되었다.

아주 조금씩, 아무리 조그맣더라도 꾸준히 반복했다.

그러다 모르는 부분이 나오면 동영상 재생을 멈추고 정지된 화면을 보며 자세를 흉내 냈다. 1초짜리 동작이 제대로 이해가 되지 않을 때는 0.1초라도 머릿속에 담았다. 이 과정을 몇 번이고 반복했다.

다음 날도 다시 처음부터 아는 부분까지 춰보고 전날 공부한 몇 초짜리 안무를 제대로 외웠으면 다음으로 넘어갔다. 만약 제대로 외우지 못했을 때는 같은 부분을 다시 여러 번 반복했다.

➡ 5단계 **착실하게 한 걸음씩 차츰차츰 쌓아나간다.**

모르는 부분은 건너뛴다

몇 번을 연습해도 도무지 줄 수 없는 부분은 일단 넘어가기로 했다.

5일 정도 계속해도 전혀 되지 않을 때는 일단 무시하고 적당히 건너뛰어서 다음으로 나아갔다.

그리고 어느 정도 앞으로 나아간 다음, 전에 하지 못했던 부분으로 다시 돌아가서 연습했다.

한 군데에 지나치게 얽매이다 보면 점점 하기가 싫어진다. 때로는 과감히 건너뛰어 앞으로 나아가는 것이 편안한 마음으로 꾸준히 실천하는 요령이다.

➡ 6단계 **안 되는 부분은 일단 보류하고 다음으로 넘어간다.**

기록을 남긴다

춤 연습을 하면서 떠오른 생각은 간단하게 메모로 남겼다. 어떤 부분에서 자꾸 실수하는지, 어떤 부분을 제대로 소화했는지, 이런 사소한 사항은 금방 잊어버리기 마련이라서 별것 아닌 내용이어도 좋으니 뭔가 깨달은 점이 있으면 바로 기록을 남기려고 노력했다. 예를 들면 이런 내용이다.

"처음에 나오는 〈스릴러〉와 〈비트 잇〉은 초등학교, 중학교 시절에 학교에서 춘 적이 있어서 '금방 할 수 있겠네!' 하고 좋아했는데, 당시 안무를 좌우 반대로 외운 바람에 몸에 어설프게 익은 동작을 바로잡는 게 오히려 더 힘들었다."

이렇게 사소한 점은 금방 잊어버리기 십상이다. 실제로 연습이 끝날 때쯤에는 거의 잊고 있었다.

➡ 7단계 **성과와 변화를 기록한다.**

필요 시 습관을 추가한다

춤 연습을 시작한 지 약 한 달이 지난 2월, 갑자기 왼쪽 어깨와 오른쪽 다리 그리고 오른쪽 허리에 원인을 알 수 없는 통증이 찾아왔다.

병원에 가봤지만 정확한 원인은 알 수 없었고 진통제와 파스를 처방받아 상태를 살펴보기로 했다. 당분간은 격한 움직임은 피하고 천천히 움직여야 할 듯했다. 그리고 혹시 갑자기 움직여서 몸에 무리가 됐나 싶어 아침 일과에 스트레칭하는 습관을 추가했다.

매일 아침 눈을 뜬 뒤 베란다에 나가 스트레칭과 아이솔레이션 연습을 하기 시작했다.

춤을 좀 더 편하게 추기 위해 시작한 일이었지만, 나중에는 이유 따위는 모두 잊고 그저 아침에 상쾌하게 몸을 움직이기 위한 습관이 되었다.

스트레칭의 효과인지는 모르겠지만, 새로운 습관을 만든 뒤로 통증도 더는 나타나지 않았다.

➡ 8단계 **문제가 생기면 개선 방안을 마련해서 실행한다.**

깨달은 점을 공개한다

아무에게도 말하지 않고 혼자서 춤을 꾸준히 연습하며 스스로 느낀 점을 조금씩 블로그에 적었다. 물론 어떤 일에 도전하고 있는지 자세히는 말하지 않았다.

뭔가를 할 때는 "이런 일에 도전하고 있어요!"라고 절대 밝히지 않는다. 끝까지 해낸 다음 "사실 이런 일을 하고 있었답니다" 하고 말하는 편이 훨씬 마음이 편하기 때문이다.

다만 무언가를 하면서 느낀 감정과 생각에는 유통기한이 있으니 되도록 신선할 때 적어두는 것이 좋다. 춤 연습을 4개월 정도 지속했을 무렵 블로그에 이런 글을 올렸다.

5분 아침 연습

아침마다 5분씩 어떤 연습을 하고 있다. 자세히 말하진 않겠지만, 작년 12월에 시작해서 지금까지 4개월 동안 날마다 거르지 않고 있다. 좀 해보고 싶은 일이 있는데 배우러 갈 시간은 없어서 아침에 5분 정도 시간을 내서 독학으로 조금씩 연습 중이다. 하루에 겨우 5분이지만 매일 꾸준히 한다는 건 정말 좋은 방법이다. 조금씩 공부해서 몇 번이고 거듭하는 사이 몸이 똑똑히 기억해서 점점 실력이 나아진다는 걸 느낄 수 있다. 뭔가를 배우는 기쁨을 조금씩 실감하고 있다. 그렇구나, 매일 조금씩이어도 충분하구나, 적은 시간이라도 꾸준히 하면 느는구나… 이 사실을 어린 시절의 나에게 알려주고 싶다고 진심으로 생각했다.

이러한 깨달음을 소중히 보관하고 가끔씩 슬쩍 꺼내 보이면 의욕도 조금 높아진다.

➡ 9단계 **의욕을 높이기 위해 가끔은 슬쩍 드러낸다.**

자신에게 맞는 속도로 나아간다

뭔가를 꾸준히 하다 보면 언젠가 주춤하는 순간이 온다.

줄곧 순조롭게 나아가고 있다고 생각했는데, 노래가 3분의 2 지점을 지났을 때 갑자기 못이 박힌 듯 걸음이 뚝 멈추고 말았다. 앞으로 전혀 나아갈 수가 없었다. 몇 날 며칠 같은 부분에서 같은 실수를 반복했다.

하지만 그럴 때 조바심을 내서는 안 된다.

아무리 해도 되지 않는 부분은 과감히 넘기고 앞으로 나아가든지 며칠 동안 시간을 들여 그 부분만 천천히 반복하면 된다. 아주 느리게라도 계속하다 보면 확실히 변화가 나타날 거라고, 그렇게 믿으면 된다.

실제로 10초 정도 되는 안무를 외우는 데 한 달이나 걸렸지만, 조바심 내지 않고 당황하지 않고 그저 계속하기로 했다.

➡ 10단계 **안달하지 않고 무리하지 않고 천천히 한다.**

실험과 검증을 반복한다

연습을 시작한 뒤 반년 이상이 흐른 7월, 드디어 안무를 모두 외우는 데 성공했다.

이때 처음으로 내가 춤추는 모습을 비디오로 촬영해서 살펴보았다.

그럭저럭 췄겠… 어? 뭐, 뭐야. 이게 뭐냐고!

"뭐야? 꿈실꿈실 움직이는 이 이상한 아저씨는?!"

이게 나란 말인가? 머릿속으로 '이렇게 움직이고 있다'고 상상했던 모습과는 너무나도 동떨어진 광경이었다.

너무 놀라서 그날은 입맛까지 잃어버렸다. 그날부터 며칠 동안은 충격이 너무 큰 나머지 의욕을 잃을 뻔했지만, 연습만은 거르지 않았다.

뭔가 잘못 찍혔을지도 모른다는 생각이 들어서 다시 한번 촬영해서 살펴보았다.

하지만 그대로였다. …이대로는 안 된다, 근본부터 글렀다는 생각이 들었다.

그래서 개선할 방법을 고민했다.

가볍게 춰보기. 과장해서 춰보기. 웃으면서 춰보기.

'이렇게 하면 나아지지 않을까?' 하고 생각한 것들을 실천하고 검증했다.

그렇게 여러 방법을 궁리했다.

영상을 보지 않고 추기, 춤추는 장소를 바꿔보기, 움직이면서 영상에서 시선 떼지 않기···.

다양한 변화를 주면서 새로운 사실들을 발견했다.

앞부분은 힘을 빼고 춰야 춤추는 것처럼 보이지만, 중간부터는 동작을 크게 해야 더 나아 보인다든지. 여러모로 방법을 고민했다.

➡ 11단계 **그저 한결같이 시행착오를 거듭한다.**

그리고 드디어 찾아온 그날

1년 전 나 자신과 약속한 날.

48번째 생일에 춤을 영상으로 담기로 했다.

이날을 목표로 365일, 하루도 쉬지 않고 연습했다.

이게 바로 그 동영상이다(볼 필요는 없다).

https://www.youtube.com/watch?v=yje1gZSbi6Y

아무에게도 말하지 않고 시작한 일이니 공개하지 않아도 상관없었다.

하지만 그 당시 읽던 책에 "망설여질 때는 부끄러운 쪽을 선택해라!"라는 말이 쓰여 있어서 과감히 인터넷에 공개하기로 결심했다.

솔직히 말해 춤의 완성도는 심각한 수준이다.

다시 봐도 기가 막힌다.

"안무 다 틀렸잖아!"

"이 정도라고? 힘들어서 도중에 헉헉대는데!"

"왜 자다 일어난 머리냐."

"의상 정도는 제대로 준비해라!"

네, 그렇고말고요.

하지만 그래도 상관없다.

100점 따위는 노리지 않아도 된다.

끝까지 해내는 것이 중요하다.

마지막까지 해냈다는 것. 거기에 의미가 있다.

1년 365일, 정말 하루도 빠지지 않고 해냈다!

"자신과의 약속은 지켰다!"

정말 그것이 전부다.

하루 5분씩 매일 꾸준히 하면 인생이 바뀐다!

…그런 거창한 이야기는 못 한다.

인생은 그리 쉽게 바뀌지 않으니까.

하지만 이렇게 부단히 한발 한발 계속 내디디는 것이 인생에서 가장 중요하지 않을까?

완벽하지 않아도 괜찮다.

하고 싶다고 생각한 일을 어쨌든 현실로 만들었으니 그걸로 충분하다.

아마 100점이 아니라 100억 점쯤 되지 않을까.

➡ 12단계 **완벽하지 않아도 좋으니 끝까지 해낸다.**

원래는 1년만 도전하고 그만둘 생각이었는데, 1년 동안 하루도 빠지지 않고 계속했더니 춤이 일상으로 완전히 자리를 잡았다.

매일 조금씩 공부하고 달성해 나가는 과정이 힘들지만 즐거워서 1년에 한 곡씩 춤을 익히고 있다. 이제 벌써 3년째가 되었다. 지금은 세 번째 안무를 외우고 있다.

'매일 춤을 추는 즐거움'. 꾸준함을 통해 얻은 인생의 커다란 기쁨이다.

✓ 자신과의 약속을 지키는 것이 중요하다!

의미는 나중에 저절로 알게 된다

불현듯 시를 써보고 싶다는 생각이 들어서 얼마 전부터 시를 짓기 시작했다. 정확히는 와카和歌(일본 고유의 정형시로 주로 5·7·5·7·7 구조의 시를 일컫는다-옮긴이)라 부르는 한 줄짜리 시다.

특별한 이유는 없다.

"매일 와카를 지어보자!"

그냥 그렇게 정했다.

그래서 일단 시작했는데, 아주 멋들어지게 실패했다.

열흘도 채 되지 않아 그만두었다.

이유는 단순했다.

"대체 뭘 써야 할지 모르겠어… 생각이 안 나."

어느새 와카를 쓰려고 마음먹었다는 사실조차 기억 저편으로 사라졌다.

그러던 어느 날, 읽던 책에 이런 이야기가 쓰여 있었다.

> 매일 와카를 쓰는 습관을 들이자. 쓰지 않으면 왠지 어색하고 마음이 뒤숭숭해지는 상태가 될 때까지 써보자. 그러려면 쓰는 장소와 시간을 정해두는 것이 좋다.
>
> – 기노시타 다쓰야, 《평범한 사람을 위한 천재의 와카 교실天才による凡人のための短歌教室》 중에서

역시 와카도 매일 쓰는 것이 정답이었다.

다시 한번 해봐야겠다는 생각이 들어서 이번엔 방법을 바꿔보기로 했다.

'와카를 짓기' 전에 먼저 '와카를 읽기'로 했다.

와카 시집을 사 와서 매일 몇 페이지씩 꼭 읽었다. 그리고 마음에 드는 시를 몇 가지 받아쓴 다음 어떤 공통점이 있는지, 그 시의 어떤 면에 마음이 끌렸는지, 어떤 정경이 떠오르는지, 내 나름대로 파고들어 보기로 했다.

그런 다음 나만의 시를 지어보았다.

그러자 무작정 쓰려고 했던 때에는 쓸 수 없었던 와카를 제대로 쓸 수 있었다. 물론 아무것도 생각나지 않는 날도 있지만, 그래도 '읽기'를 세트로 묶은 뒤로 훨씬 쓰기가 쉬워졌다. '와카 짓기' 하나에만 도전했을 때는 열흘도 되지 않아 포기하고 말았지만, '쓰기' 전에 '읽기'를 더해 세트로 삼았더니 "자, 이제 시를 써야지!" 하고 애써 기합을 넣을 필요가 없어졌다.

'전제 조건'을 세트로 만들어서 시동 걸기. 그것이 꾸준히 할 수 있게 된 커다란 요인이었다.

먼저 시집을 읽어 적당한 자극을 얻음으로써 시의 주제를 좀 더 쉽게 찾을 수 있다는 효과도 있었다.

그때 이후로 날마다 와카를 짓고 있다.

하루에 단 한 편이지만, 5개월만 지나도 150편의 시가 완성되는 셈이다. 그중 일부를 소개해 보려 한다.

> 다섯 시 오 분 어제의 어렴풋한 빛깔도 비 오는 오늘 아침은 온통 회색뿐
>
> 개미들 빠트리는 지옥의 소용돌이 홀로 바라보는 방과 후 교실 전 황혼

날 밝을 무렵 창밖에서 불쑥 날아든 봄 공기와 파리 한
마리

위의 세 편은 모두 4월에 접어들 무렵 쓴 와카다.

조금 전부터 블루투스 쓰는 척 혼잣말임을 그 누구도 알
아채지 않도록
힐러리가 클린하게 이쪽을 본다, 문고 끄트머리로 튀어
나온 책갈피
틀림없이 두 번 다시 못 하리 뒤돌아 꾸깃꾸깃 뭉친 티슈
홀인원

위의 시들은 5월, 한 달 후에 썼다.

이제 아무것도 상관없어졌다네 그토록 끝내주게 맛있는
마카롱의 맛
앞길이 꼬불꼬불 굽어진 고속도로에서 어제 떨어뜨린
먼지를 찾는다
서리 내린 땅 반쯤 머리 내민 양배추, 학교에 가는 어린
아이들의 숨결

CHAPTER 6. 꾸준히 하며 발견한 것들

위의 시들은 두 달 뒤인 6월에 썼고 아래는 세 달 뒤인 7월에 쓴 시다.

벗어 던진 구두 뒤축에 단풍잎 하나, 데리고 돌아온 가을 한 조각
지워져 가는 기억 더듬고 더듬어 이리저리 비틀어 거짓을 만든다
하늘 밝히며 소리만 울려 퍼지는 먼 불꽃놀이 어두운 밤길에 그림자 드리우네

아래는 네 달 뒤인 8월에 쓴 시다.

어느 여름날 아담한 책방에서 차가운 냉방 그리고 종이 냄새에 하루가 저물어 간다
새로 산 GAME 들뜬 마음으로 돌아가는 길 START 참지 못하고 읽어버린 설명서
구질구질한 세상 절반 나에게 주겠다고 한다면 전부 달라고 말하자

마지막은 다섯 달 뒤인 9월에 썼다.

지금 아침을 맞이하러 간다네 아직은 밤이 머물러 있는
검은 빌딩숲 사이의 달
너에게서 온 전화 한 통에 나의 핸드폰이 웅웅 숨 쉬기
시작한 밤에
존재를 선언한다, 잊힌 인류의 대표로서 여기에

시 쓰는 솜씨가 늘었는지는 잘 모르겠지만, 꾸준히 하면 반
드시 어떤 변화가 일어나기 마련이다. 어떤 시를 읽고 영향
을 받기도 하고, 문득 떠오른 어린 시절의 기억을 더듬어 보
기도 하고, 어제 본 풍경을 시로 써보기도 하고. 이처럼 시의
주제는 매일 각양각색이지만, 쓸 때마다 시 앞에서 자신이
좀 더 자유로워지는 듯한 기분이 든다.
시를 지을 때마다 뭔가를 새로 발견한다.
처음에는 와카를 쓰기 시작한 이유도 의미도 특별히 생각하
지 않았지만, 점차 시를 쓰는 데 어떤 의미가 있는지 조금이
나마 알게 되었다.
제한된 글자 수 안에서 어떻게 생각을 표현할지 고민하는
과정은 디자인과 매우 닮았다. 순서를 바꾸고, 생략하고, 다
른 뜻을 더하고, 일부러 영어로 써서 특별한 의미를 느끼게
하고, 글자를 일반적이지 않은 방식으로 끊어서 강조하고.

이런 방법들은 디자인의 감각과 흡사하다.

따라서 시는 어떤 의미에서 말을 디자인하는 일과 같다.

별다른 이유 없이 시작했지만, 계속 시를 쓰는 사이에 내가 하는 일과 비슷한 점들을 발견했다. 어쩌면 이런 사실을 깨닫기 위해 시를 쓰기 시작했을지도 모른다는 생각도 든다.

처음에는 의미 따위는 생각하지 않아도 된다.

어떤 의미가 있는지 나중에 자연히 깨달아도 충분하다.

✓ 하다 보면 자연히 의미를 깨달으리. 그러니 일단 해보라(와카 스타일로).

하루 한 권 책 읽기에 도전하다

전부터 책 읽는 습관이 도무지 몸에 배지 않아 고민이었다. 따로 시간을 내서 읽으려 해도 바쁘니 좀체 시간을 뺄 수가 없다. 결국 직접 구입한 책도 내가 디자인한 책도 쌓여 점점 큰 산을 이루었다.

이대로는 안 되겠다 싶어 2021년 1월에 "일주일에 책 한 권 읽기"를 한 해의 목표로 삼았다.
"명색이 책 만드는 디자이너이니 일주일에 한 권 정도는 읽어야지!"

그나마 시간에 여유가 있는 일요일 아침에 조금 일찍 일어나서 책을 한 권 읽자. 일단 그렇게 마음먹었다.

1월에는 매주 읽었다. 일주일에 한 권씩 총 네 권을 읽었다. 한 달에 네 권이라… 나쁘지는 않다. 그 후로도 순조롭게 지속할 수 있을 듯했으나, 2월에 들어서자마자 책 읽기를 깜빡하고 말았다.

그리고 그다음 주가 되자 읽거나 말거나 아무래도 상관없다는 마음이 들었다.

"무리해서 읽지 않아도 괜찮지 않나?"

맞는 말이기는 하지만… 아, 이대로는 머지않아 그만두겠구나. 문득 그런 예감이 들었다. 그래서 일주일에 한 권씩 읽기를 그만두었다.

일주일에 한 권 대신 하루에 한 권을 읽기로 했다.

2021년 2월 21일. 느닷없이 그렇게 결심했다.

좀 억지이긴 하지만 매일 아침 평소보다 조금 일찍 일어나고, 아침 루틴을 평소보다 조금 더 빠르게 해치워서 시간을 마련하기로 했다.

276

계속하려면 매일 하자

역시 꾸준함의 비결은 이것밖에 없다고 새삼 깨달았다.
'매일 하기.'
이것이야말로 꾸준히 하는 데 가장 필요한 요소다.

적당한 무게를 가하자

하루에 책 한 권을 읽기란 제법 부담이 큰 일이다.
그만큼 쉽지 않은 일이지만, 뭔가를 꾸준히 하려면 적당히
부하를 거는 것이 중요하다고 생각했다.
너무 쉽지도 너무 어렵지도 않은 알맞은 무게.
'와, 좀 힘들겠는데?' 싶은 수준의 목표.
그래서 매일 한 권씩 읽기 위한 규칙을 몇 가지 정했다.

- 무조건 끝까지 읽는다.
- 궁금하거나 마음에 드는 부분은 메모한다.
- 한 권에 두 가지 이상 다른 사람과 나눌 이야깃거리를 찾는다.

이렇게 조금 부담이 느껴질 만한 간단한 규칙을 설정하는 것이 좋다. 실천하기가 제법 어렵지만, 부담이 큰 만큼 '해냈다'는 성취감도 크다.

하루 한 권은 조금 고되니 오히려 딱 좋다.

난이도가 높으니 아무렇게 대충 하자는 생각은 들지 않는다. 불가능한 날은 하지 않으면 그만이다. 약간 무리하면 할 수 있을 정도로 목표를 높게 설정해서 부하를 거는 것이 어려운 일을 익히는 좋은 방법일지도 모른다.

생각하지 않고 자동으로 할 수 있도록 만들자

한 달쯤 계속해 보고 새삼스레 깨달은 점이 있다.

의지의 힘에는 한계가 있다는 점 말이다.

책 읽기는 무척 즐거운 일이다. 다양한 지식과 배움이 넘쳐난다. 생각지 못한 책에서 생각지 못한 깨달음을 얻을 때도 있다 보니 독서가 너무나도 즐거워졌다.

독서가 즐거운 일임은 틀림없지만, 매일 아침 한 권씩 읽을 시간을 확보하기란 역시 쉽지 않다. 그래서 막상 실행하려면 난이도가 제법 높다.

날마다 일일이 "자, 읽자!" 하고 기합을 넣기란 힘들다. '의욕'이나 '의지의 힘'으로 계속하는 데는 한계가 있다.

이처럼 어렵고 번거로운 일을 꾸준히 하려면 의지의 힘과 상관없이 계속할 수 있도록 행동을 '자동화'해야 한다.

자동으로 책 읽는 행동을 실행할 수 있도록 구체적으로 순서를 정하고 다른 행동과 세트로 묶으면 된다. 매일 하는 일을 몇 가지 정해둔 다음 힘들고 귀찮은 행동은 쉬운 몇 가지 행동 뒤에 묶어서 쉬운 행동과 세트로 하게 만드는 것이다.

나는 아침 루틴 마지막에 '책 읽기'를 집어넣었다.

그리고 책을 읽기 전에 커피를 내리도록 두 가지 행동을 세트로 묶었다.

바로 '전제 조건을 마련하는 방식'이다.

"자, 이제 책을 읽어야지!" 하고 기합을 잔뜩 넣는 것이 아니라, 커피를 내리고 편안하게 마시면서 책을 읽는 흐름을 만들었다. 이제 이 두 가지는 '세트'가 되는 것이다.

물론 행동을 자동화하기란 그리 쉽지 않지만, 커피를 내리는 행동을 끼워 넣으면 일종의 스위치 역할을 해준다.

이런 단계를 이미 2년 이상 지속한 지금은 커피를 내리는 행동이 더 이상 필요하지 않게 되었다. 자동으로, 자연스럽게 책을 읽게 되었다.

그날 읽고 싶은 책을 읽는다

책을 고르는 기준은 그야말로 내 마음대로다.

매일 무슨 책을 읽을지는 읽는 순간까지 분야든 뭐든 딱히 정해두지 않는다. 경영에 관한 책도 읽고 철학책도 읽고 소설이나 에세이도 모두 읽는다.

완전히 그날그날 기분에 따라 무슨 책을 읽을지 선택한다.

언어를 천천히 음미하고 싶은 날은 에세이를 읽고 그런 기분이 아닐 때는 일의 노하우를 알려주는 책을 읽는다.

그리고 기본적으로 책은 사서 본다.

책을 직접 구입하면 꼭 읽어야 한다는 의지도 생긴다.

돈을 지불함으로써 책을 마주할 준비가 이루어지는 것이다.

한번 펼치면 끝까지 읽는다

일단 한 페이지 읽기 시작하면 뒤는 어떻게든 된다.

읽기 시작했다면 나머지는 끝까지 읽기만 하면 된다.

나는 처음부터 끝까지 책을 모두 읽어야 한다고 규칙으로 정해놓았다.

'의욕의 스위치'는 행동하면 저절로 켜진다.

읽는 속도는 그럭저럭 빠른 편이라고 생각하는데, 책의 종류에 따라 조금 달라진다.

속독은 하지 않는다.

어차피 금방 전부 읽을 테니 차례는 읽지 않는다. 차례를 건너뛰는 것이 시간을 단축하는 유일한 요소다.

정보가 많은 책은 가끔 속독하듯 읽기도 하지만, 보통은 꼼꼼히 내용을 이해하며 읽는다.

한 권 모두 읽는 데는 대개 1시간 반에서 2시간이 걸린다. 얇고 글자가 적은 책은 30분 만에 다 읽기도 하고, 두꺼운 책은 3~4시간이 걸리기도 한다.

끝까지 읽을 때까지 중간에 멈추지 않기 때문에 가끔은 아침부터 5시간이나 독서에 쓰는 바람에 일할 시간이 부족해질 때도 있다. 1시간 정도면 다 읽겠다 싶어 펼쳤는데 3시간 넘게 걸렸다든지 하는 일도 비일비재하다.

다만 중요한 업무는 이미 처리해 두었기에 초조해하지는 않는다. 책을 탐독하며 많은 것을 얻었으니 오히려 좋다고 긍정적으로 생각한다.

읽으면서 메모를 한다

책장 귀퉁이를 접거나 책에 글씨를 쓰지는 않는다.

직접 디자인해서 그대로 보존해 두는 책도 많기에 최대한 깨끗하게 유지하려 애쓴다.

다만 메모는 한다. 왼손에 책, 오른손에 스마트폰을 들고 읽으면서 마음에 드는 부분은 스마트폰에 메모한다. 스스로 알아볼 수 있게 적당히 적어두기만 하면 된다.

다만 나중에 정리할 때를 대비해서 메모하는 것이니 '내가 생각하기에 여기가 이 책의 핵심이다' 싶은 부분은 꼼꼼하게 적어둔다.

내용을 메모하면서 개인적으로 느낀 점이나 의견 등도 같이 쓴다. 나는 감상이나 의견을 메모할 때 앞에 "^_^"라고 적어서 표시한다.

이와 별개로 꼭 기억해 두고 싶은 구절을 만났을 때는 독서 메모가 아니라 '말 채집용' 메모에 적고 책 제목도 잊지 않도록 함께 써둔다.

인간은 쉽게 망각하는 생물이므로 메모는 그때그때 바로 해야 한다.

그러지 않으면 아마 감동이나 깨달음은 몇 분 만에 사그라지고, 머지않아 그대로 사라질 것이다.

순간의 '귀찮음'을 극복하느냐 극복하지 못하느냐가 커다란 갈림길이다.

표지를 스마트폰으로 찍는다

책을 다 읽고 나서 스마트폰 카메라로 표지 사진을 찍는다. 촬영은 늘 같은 장소에서 한다. 기록용이니 그냥 찍기만 하면 된다. 멋들어지게 찍는 방법 따위는 신경 쓰지 않는다. 매일 하는 일이니 사소한 데까지 신경 쓸 필요는 없다.

제목, 저자, 출판사를 읽은 책 리스트에 기록한다

리스트에 적기만 하면 된다.

스마트폰 메모장에 리스트를 만들어 두었다.

책을 다 읽고 나면 잠시 시간을 둔다.

잠시 숙성하는 시간이다. 그동안 어떤 책이었는지 머릿속으로 생각하거나 회의를 할 때 사람들에게 알려주기도 한다.

메모한 내용을 정리해서 SNS에 올린다

그다음으로 잠시 시간을 내어 독서 메모를 살펴보면서 내용을 정리한다.

이것저것 잡다하게 적은 메모 안에서 특히 와닿은 부분을 찾는다. 그러면 내용이 한층 더 깊이 머릿속에 들어온다.

정리한 내용을 이번에는 SNS에 올린다.

요즘은 조금 시간을 두고 하루 이상 지난 아침에 다시 읽어보고 올린다.

- 메모를 다시 살필 때 특히 인상에 남았던 부분
- 기억하고 있는 부분
- 이 책에서 가장 마음이 끌렸던 부분

특히 이 점들을 염두에 두고 생각하면서 140자 이내로 간추려 올린다.

이렇게 정리하고 올리는 과정에서 책의 내용이 온전히 내 머릿속에 저장된다.

시간을 들여 책의 어떤 부분이 자신에게 특히 중요했는지 살펴보고, 마지막에는 다른 사람에게 전함으로써 책이 내 안에 생생하게 살아남는 것이다.

SNS에 글을 올리기란 제법 어려웠다.

그래서 처음에는 차례만 나열하는 정도로 시작해서 서서히
나의 생각과 느낌을 더하는 식으로 조금씩 방법을 바꿨다.

꾸준히 하고 싶다면 처음부터 완벽을 추구해서는 안 된다.

천천히 조금씩 하다 보면 자연히 방법이 달라진다.

중요한 점은 그만두지 않는 것.

그리고 대충 흘려 넘기지 않는 것.

가능한 범위에서 진지하게 임해야 한다.

제법 부담이 큰 일이지만, 500일쯤 지속하다 보면 생각보다
아무렇지 않게 된다.

적극적으로 영향을 받는다

책을 읽으면서 좋다고 생각한 부분은 적극적으로 따라 한다.

- 음식을 한 입 먹을 때마다 젓가락을 내려놓는다.
- 매일 아침 집 안 어딘가를 깨끗이 닦는다.
- 아침에 일어나 두 손을 모아 합장한다.

- 아침마다 바깥 기온을 알아맞힌다.
- 아침에 눈뜨면 심호흡을 한다.
- 아침 명상을 한다.
- 매일 아침, 어제 하루 중 좋았던 점을 적어본다.
- 주말에는 조깅하는 김에 절에 들러 공양을 드린다.

최근 몇 년 사이에 새로 시작한 습관은 책에서 보고 영향을 받은 것들이 많다.

책에 적혀 있는 내용을 그대로 흉내 내는 것이 아니라, 나에게 맞게끔 변형해서 실천하기 쉬운 방식으로 적용한다.

이렇게 적극적으로 영향을 받는 것이 책을 읽고자 하는 의욕으로도 이어진다.

하루에 읽을 수 없을 땐 '티끌 모아 태산'으로 해결한다

하루에 다 읽을 수 없을 만큼 분량이 많은 책은 어떻게 해야 하는가.

이런 책은 매일 조금씩 읽는 방법으로 해결했다.

조금씩이지만 한두 달이면 다 읽을 수 있다. 그야말로 티끌 모아 태산이다.

조금씩 나눠 읽을 때도 타이밍을 정확히 정하는 것이 좋다.

나는 하루에 한 권씩 책을 읽기 전에 커피 내리는 시간을 이용하기로 했다. 물을 끓이고 커피를 모두 내리기까지 걸리는 시간 말이다. 5분 또는 길어도 10분.

그동안 차근히 시간을 들여 커피를 내리는 만큼 커피도 더 맛있어진다. 일석이조다.

하루 한 권 독서를 시작한 지 1년이 다 되었을 무렵에 시작했는데, 이 방법으로 분량이 많은 책도 무사히 다 읽을 수 있었다.

예를 들어 600쪽가량 되는 사토 기와무의 《테스카틀리포카》라는 소설은 커피를 내리는 동안 조금씩 조금씩 읽어서 몇 개월 만에 모두 읽었다. 조금씩이라도 매일 하면 틀림없이 앞으로 나아갈 수 있다.

어느덧 조금씩 읽는 습관에 익숙해져서 이제는 커피를 내리는 행동도 필요가 없어졌다.

지금은 하루 한 권 독서 시간에 들어가기 전에 티끌을 모으듯 다른 책 두 권을 몇 페이지씩 읽고 있다.

도저히 읽을 시간이 없는 날을 대비한다

일이 너무 바빠서 시간이 도무지 나지 않는 날이나 어머니를 병원에 모시고 가느라 아침 일찍 집을 나서서 책 읽을 겨를이 거의 없는 날을 위해 금방 읽을 수 있는 책도 몇 권 준비해 둔다.

30분 안에 모두 읽을 수 있을 만큼 짧은 책 말이다.

바빠서 시간이 없어도 '읽지 않는다'는 선택지는 가능한 한 고르지 않는다. '예외를 만들지 않는 것'이 뭔가를 꾸준히 하기 위한 핵심 중 하나이기 때문이다.

"오늘은 바쁘니까 패스해야지."

이렇게 한번 예외를 만들면 금방 습관이 되어버린다.

따라서 시간을 어떻게 잘 조정하면 가능하겠다 싶을 때는 미리 대책을 마련해 둔다.

물론 정말로 어쩔 수 없는 때도 있으니 그런 날을 위해 한 권을 더 비축해 두는 것도 방법이다.

여유가 좀 있을 때 한 권을 더 읽고 표지 사진과 SNS용 메모도 미리 써둔 다음 여차하면 꺼낼 마지막 카드로 보관하는 것이다.

어찌 되었든 하루 한 권이라는 규칙을 깨뜨리지 않는다.

그렇게 1년 365일, 365권의 책을 읽었다.

거기서 그치지 않고 2년 동안 독서를 계속했다. 그리고 지금도 여전히 진행 중이다. 이 책이 세상에 나왔을 무렵에는 1,000권이 되었을 것이다.

이제 독서는 전에 비해 훨씬 당연한 일이 되었다. 매일 책 한 권을 읽는 것이 생활의 일부가 되었다.

'꾸준히 하기'로 나는 달라졌다.

귀찮고 힘들다는 한탄이나 불평도 500일쯤 꾸준히 하자 완전히 사라져 버렸다.

500일 동안 계속해 보고 마음속 깊이 깨달았다.

내가 달라졌다는 사실을.

독서를 대하는 방법도 1년째 다르고 2년째 다르듯 조금씩 바뀌었다.

처음 1년 동안은 새로운 사실을 발견하는 독서였다.

세상을 보는 안경을 손에 더 많이 넣기 위한 독서라는 생각에 가슴이 두근두근 설렜다.

2년째에는 막연히 당연하다 여겼던 사실을 포착하는 힘, 당연하게 여겼던 사실을 말로 표현하는 힘에 깊이를 더하는 독서가 되었다.

2년째는 한마디로 말하자면 당연하다 여겼던 부분들을 새로운 시선으로 바라보기 위한 '깨달음의 독서'였다는 생각이 든다.

그리고 3년째는 '풀어헤치는 독서'가 되었다.

꾸준함을 통해 이처럼 사소하지만 확실하게 변화가 일어나고 있다.

나는 독서를 하며 헤아릴 수 없을 만큼 커다란 것을 얻었다.

옛사람들이 책을 읽으라고 말한 이유를 이제야 깨달았다.

책을 읽는다는 것은 세상을 다시금 만나는 수단이자 자신을 찾는 행위이기도 하다. 독서는 탐구이자 대화다.

그리고 세상에 '당연하게' 존재하는 듯 보이는 것들을 새로이 바라보는 방법이다.

내 인생 역시 독서를 통해 크게 달라졌다.

적어도 이렇게 애를 써가며 책을 읽지 않았더라면, 책을 써야겠다는 생각은 영영 하지 못했을지도 모른다. 책을 멀리했던 어린 시절의 내가 들었다면 틀림없이 깜짝 놀랐을 것이다.

"사람은 생각지도 못한 모습이 되는 법이니까."

영화 〈메타모르포제의 툇마루〉에서 75세라는 나이에 BL만화에 푹 빠진 여성이 한 말이다.

정말 그 말대로다.

인생은 생각한 대로 흘러가지 않는다.

본디 생각지도 못한 모습으로 나아가는 것이 인생이니까.

✓ 책을 읽으면 정말 인생이 바뀔지도 모른다.

꾸준히 글을 쓰며 나를 발견하다

자기 자신을 잘 알고 싶다면 글을 써야 한다.

자신을 이해하는 가장 빠른 지름길은 역시 글쓰기가 아닐까 싶다. 글을 써야 비로소 깨닫는 부분이 있기 때문이다.

시작은 '기록'이다.

일상에서 얻은 작은 깨달음을 기록하는 것이다.

자신의 감정이나 생각을 기록하면 감정의 정체를 꿰뚫어 볼 수 있다.

뭔가 느끼거나 생각하면 글로 적어두자. 가슴을 답답하게 만드는 고민이 있을 때도 써보자. 우선은 항목별로 간단히 써도 좋으니 마음속에 있는 생각을 적으면 된다.

그것만으로도 많은 부분이 달라진다.

그다음 적어둔 내용을 글로 제대로 써보면 더 많은 것이 달라진다.

누군가에게 '전하는 글'로 만들기 위해 한층 깊이 파고들어보자. 그러면 자신과의 대화가 시작된다. 스스로와 대화하며 말을 하나하나 파내고 발굴하는 것이다. 그런 작업을 여러 번 반복하면 된다.

그러다 보면 본래 자신이 생각조차 하지 못했던 지점에 도달하기도 한다.

"그렇구나. 내가 느끼던 감정의 뿌리에는 이런 것이 숨어 있었구나."

어느 순간 깨닫게 된다.

대충 쓰지 말고 다른 사람에게 나의 생각을 전하기 위한 글이라고 의식하며 써보자.

블로그나 SNS에 올려서 사람들에게 보여주겠다는 생각으로 쓰면 된다. 실제로 올릴지는 차치하고, 누군가 다른 사람이 읽는다고 생각하면 자기 자신과의 대화가 한결 깊어진다. 자연히 눈에 보이는 세상도 달라진다.

나는 본래 글 쓰는 재주가 없어서 가능한 한 글 같은 건 쓰지 않으며 살고 싶었다.

하지만 그래서는 안 된다는 사실을 어느 순간 문득 깨달았다. 막연하지만 도망쳐서는 안 된다고 진지하게 생각했다.

그래서 재활 운동을 하듯이 조금씩 글쓰기와의 거리를 좁혀 나갔다.

먼저 엉터리여도 좋으니 글쓰기를 매일 하는 일로 만들기 위해 날마다 블로그에 글을 올리기로 했다. 처음에는 한 줄부터 시작해서 점차 분량을 늘렸다.

뭐든 상관없이 일상에 관한 이야기나 영화를 보고 느낀 점 등을 적었다.

4년 정도 계속한 다음, '노트'라는 플랫폼에 글을 쓰기 시작했다. 노트에는 일주일에 한 번 글을 올리기로 스스로 정했다. 올리는 날은 월요일이다.

매주 주제를 명확하게 정하고 독자에게 '전하는 글'을 쓰는 데 초점을 맞추었다.

처음에는 분량을 한 편에 1만 자 이상으로 잡았다. 내가 보기에도 과하다 싶을 만큼 온 힘을 쏟았다.

글을 올리기 시작한 지 얼마 되지 않았을 때는 자신의 의견을 남에게 이야기하는 것이 두려웠다. 글을 올리고 나면 심장이 두방망이질 쳐서 때로는 잠도 이루지 못했다.

그러나 그만큼 진지하게 몰두했기에 발견한 사실도 무척 많았다. 말로 표현하지 않으면 우리가 당연하게 여기는 것들의 소중함을 미처 알지 못한다는 사실. 반대로 아주 중요하고 대단하다고 여겼던 것도 막상 말로 표현하고 보니 별것아닌 편견에 불과했다는 사실도 깨달았다.

쓰고 또 써도 정확한 말이 떠오르지 않아 가슴이 답답했는데, 몇 년 뒤 "아, 그렇구나, 그때 느낀 가슴속 응어리의 정체는 바로 이것이었구나" 하고 문득 알아채기도 했다.

사소한 것도, 보잘것없는 깨달음도, 뭐라 말할 수 없는 감정의 파편도, 일단 적어두었다가 나중에 자신이 남긴 말을 글쓰기를 통해 다시 한번 곱씹고 음미하면 뭔가 새로운 풍경이 나타난다.

기록하고 다시 쓰는 과정을 거듭한 끝에 나는 내가 '좋아하는 것'을 찾아냈다.

그것이 바로 '꾸준히 하기'였다.

사람은 당연하게 여기는 것을 제대로 보지 못한다.

소중한 것일수록 너무나 당연해서 눈에 보이지 않는다.

공기가 눈에 보이지 않는 것과 마찬가지다.

거기에 뭐가 있는지 자기 자신과 대화하고 생각하고 책을 읽고 세상을 느끼면서 파고들어 보자. 세상을 배우며 그저 계속해서 파고들어 보자.

그러면 너무나도 당연하게 내 곁에 있는 존재들을 발견할 수 있다.

우리는 당연한 사실을 깨닫기 위해 터무니없이 번거로운 일을 한다.

노력 끝에 발견한 사실은 "아, 뭐야, 그런 거였어?" 하고 웃어 넘길 만큼 시시하고 하찮다. 하지만 그것을 깨닫기 위한 엄청난 여정이야말로 인생이라 해도 좋다.

여정, 그건 다시 말해 '꾸준히 하는 것'이다.

무언가를 기꺼이 계속하는 것은 인생을 가장 즐겁게 살아가는 방법이기도 하다.

✓ 당연한 것을 깨닫기 위한 여정을 즐긴다.

일단 계속해 보자

얼마 전 젊은 편집자와 잡담을 나누다가 '취미'를 갖기란 참 어렵다는 이야기가 나왔다.

'좋아하는 일'과 '취미'는 서로 다른 것인가. 얼마나 '좋아해야' '취미'라 부를 수 있는가. 애초에 '좋아하는 일'이 없는 데다 '좋아한다'란 대체 무엇인가…. 이것이 바로 잡담이다 싶을 만큼 두서없는 대화였다.

그래서 취미에 대해 잠시 생각해 보았다.

나의 취미는 '꾸준히 하기'다.

줄곧 모른 채 살았지만, '꾸준히 하기'가 나의 취미임을 깨닫자 금방 수긍이 갔다.

그 뒤로는 취미가 뭐냐고 물으면 "꾸준히 하기예요"라고 대답한다(묻는 사람은 거의 없지만).

취미란 결국 자신이 '지금 가장 좋아하는 것', '가장 몰두하는(스스로 그렇다고 여기는) 것'이라고 생각한다.

내가 가장 진지하게 고민하는 일은 아마 '꾸준히 하기'가 아닐까. 가장 몰두하는 일이라고 해도 좋다.

최근에 새로 만든 습관이 있다.

매일 시를 쓰는 것이다. 처음 도전했을 때는 금세 포기했지만, 3개월 뒤에 방식을 바꿔서 다시 도전했다. 그 후로 지금까지 매일 시를 쓰고 있다.

이처럼 꾸준히 할 수 있는 방법을 차근차근 찾아가는 과정은 정말 즐겁다.

좋아했던 게임이나 만화를 어떻게 하면 다시 좋아할 수 있을지, 어떻게 해야 오롯이 몰두할 시간을 만들 수 있을지 고민했다.

만화는 하루에 한 화씩 꼭 읽기로 했고 게임은 근력 운동을 하면서 매일 15분씩 하기로 했다.

내가 좋아하는 다양한 일들을 일상 속에서 지나치게 애쓰지 않고 계속하는 방법, 매일 할 수 있는 방법을 끊임없이 생각하는 과정이 너무나 즐겁다.

그리고 어렵고 싫다고 여겼던 일을 꾸준히 해나가는 것도 사실 매우 즐겁다. 아니, 즐겁다는 사실을 깨달았다.

예를 들면 청소가 그렇다. 나는 청소를 싫어했다. 청소라면 질색할 정도였다. 그런데 매일 청소를 하다 보니 이제는 아주 중요한 습관 중 하나가 되었다.

바로 몇 년 전까지만 해도 일주일이 넘도록 책상 위나 텔레비전 선반 뒤를 쓸고 닦지 않고 내버려 두었다니 믿기지가 않는다.

독서도 이와 마찬가지였다.

솔직히 말해 책은 그리 좋아하지 않았다. 어릴 적에는 책을 줄곧 멀리했다.

고등학교에 올라갈 때까지 만화책이나 게임 가이드북 이외에는 읽은 책이 열 손가락 안에 들 만큼 적었다.

읽기가 싫어서 독서 감상문을 쓸 때도 책을 거의 읽지 않고 대충 썼다. 어린 시절 독서를 게을리했던 것이 아마 내가 글쓰기를 힘들어하는 요인일지도 모른다고 반성하고 있다.

그토록 책을 싫어했던 내가 어느새 책을 만드는 일을 하게 되었다. 불가사의였다.

좋아하는 일을 직업으로 삼기보다 좋아하지 않는 일을 직업으로 삼는 편이 실망할 일도 없고 훨씬 나을지도 모른다고, 그저 그렇게 생각했다.

사회에 나와 편집자가 되는 바람에 필요에 의해 책을 엄청나게 많이 읽어야 했던 시기도 있었다.

그 무렵에는 하루에 몇 권이나 책을 읽었다. 하지만 필요한 부분을 내게 필요한 범위에서만 읽었기에 그때도 역시 책을 좋아하게 되지는 않았다.

회사를 그만두고 프리랜서가 되어서도 역시 책을 만드는 일을 골랐다. 그렇게 프리랜서가 되어 20년 넘도록 줄곧 책을 만들고 있다.

매일 10시간 이상 책을 생각한다.

그러면 어떻게 될까.

어느새 책을 조금 좋아하게 되었다.

언제부터였는지는 기억나지 않지만, 여행을 갔을 때 '서점'을 꼭 찾게 되었다.

여행지에서는 영화관과 서점에는 반드시 들른다.

서점에 가면 표지만 구경해도 얼마든지 시간을 보낼 수 있다. 일하는 사람의 입장에서 책의 디자인을 살피는 일은 무척 즐겁다.

매일 책을 읽기 시작한 뒤로는 한결 더 즐거워졌다.

생각지 못한 책에 생각지 못한 내용이 담겨 있었다.

내가 찾던 이야기가 전혀 생각지도 못한 곳에 잠들어 있었다. 답답했던 마음의 출구가 나와 아무런 관계도 없다고 생각했던 책 속에 불현듯 잠들어 있기도 했다.

곳곳에서 많은 것을 발견했다.

그래서 지금은 어떤 책을 마주하든 그만의 매력과 가능성을 느낀다.

그런 생각이 든 뒤로 서점에 가는 일이 전보다 더 좋아졌다.

예전에는 거들떠보지도 않았던 코너를 찾아가게 되었다.

서점을 걸으며 책을 손에 드는 것만으로도 새로운 세계가 움직이기 시작하는 느낌이 든다.

책이란 이토록 대단한 존재였다.

시간은 제법 걸렸지만, 지금은 책이 아주아주 좋다.

오랜 시간에 걸쳐 그렇게 되었다. 자신의 일부가 되었다.

그리고 지금 이렇게 처음 선보이는 '내 책'의 마지막 글을 쓰고 있다.

청소가 좋아지고 책이 좋아지고.

좋아하지 않았던 것들이 좋아졌다.

대체 무엇 때문이었을까. 거기에 무엇이 있었을까.

"시간을 들였다."

바로 이것이 아닐까.

시간을 들여 매일 계속해서 마주했기에 좋아하게 되었다.

며칠 전에 본 〈이상한 나라의 수학자〉라는 한국 영화에 이와 비슷한 이야기가 담겨 있었다.

〈이상한 나라의 수학자〉는 수학을 포기한 고등학생이 수학에 서서히 빠지는 과정을 그린 영화다.

고향에서 신동이라 불렸으나 최상위권 엘리트들만 모인 학교에 진학한 뒤 낙오자가 되어버린 고등학생과 탈북해서 신분을 숨긴 채 학교에서 경비원으로 일하는 괴팍한 천재 수학자의 이야기다.

경제적인 이유로 학원에 다니지 못하는 주인공은 그 수학자에게 수학을 배우려 한다.

학생의 목적은 '좋은 성적을 받는 것'이다.

그래서 어떤 문제든 바로 답을 알고 싶어 한다.

금방 쉽게 풀 수 있는 공식을 알려달라고 부탁한다.

하지만 수학자는 학생의 말에 응하지 않는다.

성적이나 시험과는 전혀 상관없는, 유난히 난해하고 계산하기 번거로운 문제를 낸다.

"정답보다 중요한 건 답을 찾는 과정이다."

수학자는 이렇게 말하고는 리만 가설을 내놓은 천재 수학자 베른하르트 리만이 $\sqrt{2}$를 소수점 아래 엄청난 자릿수까지 계산한 메모를 보여준다.

이 계산은 아무런 도움도 되지 않고 의미도 없다.

왜 리만은 이런 의미 없는 계산에 몰두했을까.

리만이 한 일은 '시간을 들여 숫자와 마주하는 것'이었다.

수학자는 말한다.

천천히 시간을 들여 숫자와 친해지는 것이 중요하다고.

그래야만 깊이 이해할 수 있다고.

바로 답을 내버리면 숫자가 싫은 채로 끝나고 이해도 되지 않는다.

하지만 숫자와 '친해지면', 다시 말해 좋아하게 되면 이해가 깊어진다.

그러기 위해 '시간'이 필요하다는 이야기다.

마주한 시간이 '좋아하는 마음'을 만들고 깊이 이해하게 하고 세상을 넓혀준다.

수학을 멀게만 느꼈던 학생은 그렇게 수학에 빠져든다.

시간을 들이면 싫어하는 일도 좋아하는 일이 될 수 있다.

무조건 그런 건 아닐지도 모르지만, 적어도 나는 '청소'도 '책'도 시간을 들이는 동안 좋아하게 되었다.

뭔가를 '꾸준히' 하려면 우선 '시간을 들여야' 한다.

나는 분명 시간을 들이면 좋아하는 일을 찾을 수 있다는 사실을 알고 있었던 것 같다.

그래서 꾸준히 하기를 좋아하게 되지 않았을까.

다시 처음의 이야기로 돌아가 보자.

젊은 편집자는 "취미가 없다", "좋아하는 것이 없다"라는 고민을 안고 있었다.

어쩌면 너무 많은 것이 편리해져서 어떤 문제든 금방 답이 나오는 시대의 필연일지도 모른다.

금방 손에 넣고, 바로 결과를 확인할 수 있고, 곧장 답이 나오는 시대.

그런 시대이기에 '좋아하는 것'에서 자꾸만 멀어진다.

지금은 어디든 빠르게 접속할 수 있다.

다양한 일이 자동으로 처리된다. 세상은 자꾸 편리해진다.

편리해지면 살기 좋은 세상이 될 거라고 사람들은 믿는다.

쉽게 뭐든 처리할 수 있으니 좋아하는 일에 몰두할 시간이 늘어날 거라고 생각한다.

그런 생각으로 온갖 일을 쉽고 편리하게 바꾸어 많은 시간을 만들어 왔다.

그런데 사실은 반대가 아니었을까?

사람들은 편리함과 맞바꾸어 좋아하는 것을 잃고 있는 것이 아닐까?

좋아하는 일이란 어쩌면 불편함 속에서 스스로 시간을 들여 열중했을 때 손에 넣을 수 있는 것일지도 모른다.

이를테면 영화를 좋아하게 되는 과정도 그렇다.

지금은 OTT 서비스가 발달해 언제 어디서든 보고 싶은 영화를 볼 수 있다.

그런데 과연 그런 환경이 영화를 '좋아하게' 만드는지는 조금 의문이다.

역시 상영 시간이 정해진 영화관을 찾아가는, 말하자면 조금 불편하고 번거로운 경험 그리고 한 편의 영화에 돈을 내고 대가를 지불하는 행위가 좋아하는 마음을 더욱 단단하게 만든다고 생각한다. 영화뿐만 아니라 어떤 것을 좋아하게 되는 데는 '시간'과 '그것을 위해 지불하는 어떤 대가'가 필요하다.

무언가를 '좋아하게 되는 일'의 뒷면에는 많은 시간과 그저 즐겁지만은 않은 수고가 있어야 한다는 이야기다.

AI의 진화로 앞으로는 지금보다도 더 빠르게 온갖 문제의 답을 얻는 시대가 될 것이다.

'시간을 들이는 일'이 한결 어려워질지도 모른다.

그러면 점점 더 좋아하는 것에서 멀어지리라는 예감이 든다. 사람들은 좋아하는 일을 하기 위해 만든 시간을 또다시 좋아하지도 않는 일을 계속하는 데 쏟아붓는다. 과연 그건 살기 좋은 세상일까?

살기 좋은 세상이란 '편리함'보다도 '좋아하는 일' 가까이에 있을 것이다. 좋아하는 것을 잃어버리면 인생은 몹시 메마르고 척박해진다.

한번 손에 넣은 편리함을 놓아버리기는 힘들겠지만, 좋아하는 것을 되찾으려면 그 속에서 스스로에게 난해한 문제를 던지고 시간을 들여 천천히 풀어나가는 과정이 무척 중요하지 않을까.

좋아하는 것을 손에 넣기 위해, 좋아하는 것을 되찾기 위해, 먼저 시간을 들이자.

무언가를 '꾸준히' 해보자.

어떤 의미가 있는지 알 수 없는 일을 일부러 촌스럽고 멋없는 방법으로, 나중에 뭐가 될지 모르지만 그저 계속해 보자.

좋아하게 될 때까지 해보자.

그것이 살기 좋은 세상을 만드는 첫걸음이 될지도 모른다.

지금 열중할 일도 좋아하는 일도 찾지 못한 사람은 뭐든 괜찮으니 복잡하게 생각 말고 꾸준히 하는 것부터 시작해 보면 어떨까.

그저 '꾸준히 하는 것' 자체를 즐겨보자.

꾸준함 속에 '좋아하는 일'이 탄생할 계기가 숨어 있을지도 모른다.

꾸준히 하는 것은 그리 괴로운 일이 아니라, 그 자체만으로도 즐거운 일이다.

즐기는 비결은 이것이다.

적당히, 자기 나름대로, 생각하며 하는 것.

우선은 뭐든 좋으니 '계속해' 보자.

마지막으로….

이 책에는 한 가지 주제를 더 담았다.

"혼자 힘으로 지금 내가 처한 세상을 바꾼다."

말하자면 숨은 주제인 셈이다.

이 책에는 내가 '혼자서 해온 일'들에 대해서만 썼다.

책에 담긴 내용은 모두 독학으로, 다른 사람의 힘을 빌리지 않고, 거의 돈도 들이지 않고, 혼자서 해온 일들뿐이다.

많은 책을 읽다 보면 "혼자서 모든 일을 끌어안지 않는 것", "다른 사람에게 맡기는 것"이 얼마나 중요한지에 관한 이야기가 자주 나온다.
어떻게 다른 사람에게 맡기느냐가 성공의 비결이라 한다.
틀림없는 사실일 것이다.
하지만 그런 글을 읽을 때마다 이해는 하지만 참 쉽지가 않다고 생각한다.

"빨리 가려면 혼자 가고, 멀리 가려면 함께 가라."

아프리카 속담이라는 이 말을 나는 그리 좋아하지 않는다.
혼자만의 힘을 얕보지 말라고!
혼자서도 생각보다 멀리 갈 수 있어!
그렇게 외치고 싶은 심정으로 이 책을 썼다.

다른 사람과 뭔가를 함께하는 데 서툴거나 타인을 의지하기 어려워하거나 외로움 때문에 불안을 느끼는 사람이 살아갈 희망을 제 손으로 찾을 수 있는 책, 그런 책을 쓰고 싶었다.

그런 말을 해주는 책이 있었으면 했다.

요컨대 이것은 내가 읽고 싶었던 책이다.

다른 사람에게 기대지 말라는 말은 아니다.

물론 의지할 줄도 알아야 한다.

그러나 정말로 자신을 돕는 것은 언제나 자기 자신뿐이다.

만약 지금 내가 있는 세상을 살아가기 힘들다고 느낀다면,

그 세상을 바꿀 사람은 다른 누군가가 아니다.

오직 자기 자신만이 내가 사는 세상을 바꿔줄 유일한 존재다.

"세상을 더 나은 곳으로 만들고 싶다면, 먼저 거울 속 자신부터."

나의 신, 마이클 잭슨도 이렇게 노래했다.

세상을 살기 좋은 곳으로 바꾸고 싶다면 먼저 자기 자신부터 달라져야 한다.

나 또한 오직 고독 속에서 갈고닦은 것만이 지금 내가 있는 세상을 바꾸었다고 생각한다.

나의 본업은 디자인이며, 독학으로 혼자서 익혔다.

어찌어찌 되는대로 시작해서 누군가의 가르침 없이 자기 나름대로 방법을 궁리하고 혼자 연구하며 실력을 쌓아왔다.

그리고 어시스턴트 없이도 20년간 홀로 일하고 있다.

옛날부터 다른 사람과 함께 있는 시간보다 혼자 있는 시간이 훨씬 길었다.

친구는 손에 꼽을 정도이고 그 때문에 열등감을 느낀 적도 있었다.

하지만 지금은 혼자만의 시간을 통해 꾸준히 쌓아 올린 것들이 자신을 지탱하는 무기가 되었다.

다른 사람 눈에는 대수롭지 않아 보일지도 모르지만, 나는 생각보다 더 멀리 왔다고 자부한다.

지금 고독하다고 느낀다면 그것이 곧 기회다.

고독한 시간은 자신의 무기를 연마하는 시간이 된다.

무기를 갈고닦는 가장 간단한 방법이 바로 '계속하기'다.

꾸준히 자신의 작품을 만드는 것도 좋다.

미래를 위해 뭔가를 연습해도 좋다.

해보면 재미있을 것 같은, 기운이 불끈 솟을 듯한 일을 먼저 해보는 것도 좋다.

쓸데없고 시시한 일이어도 상관없다.

오히려 쓸데없는 일일수록 좋다.

"뭐 그런 쓸데없는 짓을 하냐?"라고 비웃음당할 만한 일이
오히려 강력한 무기가 될 가능성을 품고 있다.

목적도 의미도 필요 없다.

그런 건 나중에 생각해도 된다.

'왜'보다는 '그냥'을 소중하게 여기자.

작디작은 한 걸음을 차근차근 내딛어 보자.

누구나 할 수 있는 일을 아무도 하지 않을 만큼 꾸준히 해보
자. 그것이 개성이 되고 무기가 된다.

지금 당장은 아무것도 아니더라도, 무의미해 보일지라도, 계
속하면 틀림없이 희망이 나타난다.

이 책에 적혀 있는 내용은 금방 잊어도 좋다.

이 책의 내용 가운데 기억에 담아두어도 좋은 것은 두 가지
뿐이다.

"하려고 결심했다면 바로 해볼 것."

"한다고 마음먹으면 매일 할 것."

한 가지 더 있다면, "억지로 무리해서 계속하지 않아도 된다"라는 점이다.

결실은 금방 나타나지 않을지도 모른다.

그래도 꾸준히 해보자.

마음을 편히 갖자. 아직 갈 길이 머니까.

인생을 즐기자!

여러 달에 걸쳐, 정확히는 3년이 넘는 시간을 들여 이 책을 완성했습니다.

3년 전 '노트'라는 플랫폼에 글을 쓰기 시작했을 때, 언젠가 책을 낼 수 있다면 참 좋겠다고 막연히 생각했습니다. 그때 이후로 줄곧 글을 썼습니다.

책을 집필해야겠다는 생각으로 글을 쓰기 시작한 건 올해 6월부터였습니다.

눈코 뜰 새 없이 바빠서 시간은 없었지만, 아무리 시간이 없어도 하루에 최소 30분 동안은 꼭 글을 쓰기로 마음먹고 매일 조금씩 써서 이렇게 첫 책이 완성되었습니다.

글쓰기는 어려워서 꺼리는 일이었지만, 지난 3년간 조금씩 달라졌습니다.

여전히 어렵기는 하지만, 글쓰기가 조금 좋아졌습니다.

어려운 일은 좋아하는 일로 들어가는 입구가 될 수 있습니다. 꾸준히 하면 사람은 달라집니다.

야금야금 계속하면 언젠가 끝까지 해낼 수 있습니다.

이 책이 그 사실을 증명합니다.

마지막까지 읽어주신 독자 여러분께 감사드립니다.

이 책으로 무언가를 '꾸준히 하는 것'에 대한 생각이 조금이나마 바뀌었다면 무척 기쁘겠습니다.

이 페이지만 읽은 분께도 감사 인사를 드립니다.

책을 집어주신 것만으로도 기쁩니다.

아직 이 책의 존재를 모르는 분들께도 감사드립니다.

언젠가 이 책을 읽어주시리라 믿습니다(하하).

미리 감사의 뜻을 전합니다.

감사합니다.

이노우에 신파치

단행본

※ 국내에 출간된 단행본은 괄호 안에 출간 정보를 표기했다.

- 十日草輔, 『脱サラ41歳のマンガ家再挑戦 王様ランキングがバズるまで』, イースト・プレス
- キネマ旬報社編, 『Away』(映画パンフレット), キングレコード株式会社
- デデイヴ・アスプリー, 『シリコンバレー式超ライフハック』, 栗原百代訳, ダイヤモンド社(데이브 아스프리 저, 신솔잎 역, 《최강의 인생》, 비즈니스북스, 2019)
- 植木理恵, 『シロクマのことだけは考えるな!―人生が急にオモシロくなる心理術』, 新潮社(우에키 리에 저, 서수지 역, 《백곰 심리학》, 럭스미디어, 2010)
- 樺沢紫苑, 『精神科医が見つけた3つの幸福　最新科学から最高の人生をつくる方法』, 飛鳥新社
- 池谷裕二, 『できない脳ほど自信過剰』, 朝日新聞出版
- 上岡正明, 『死ぬほど読めて忘れない高速読書』, アスコム(가미오카 마사아키 저, 장은주 역, 《부자들의 초격차 독서법》, 쌤앤파커스, 2021)
- 外山滋比古, 『思考の整理学』, 筑摩書房(도야마 시게히코 저, 전경아 역, 《생각의 도약》, 페이지2북스, 2025)
- アンジェラ・ダックワース, 『やり抜く力 GRIT――人生のあらゆる成功を

決める「究極の能力」を身につける』, 神崎朗子訳, ダイヤモンド社(앤절라 더크워스 저, 김미정 역, 《그릿》, 비즈니스북스, 2019)

- 岡田隆, 『HIIT 体脂肪が落ちる最強トレーニング』, サンマーク出版

- 中川諒, 『いくつになっても恥をかける人になる』, ディスカヴァー・トゥエンティワン(나카가와 료 저, 김나정 역, 《창피하지만, 일단 해봅니다》, 갈매나무, 2022)

- 枡野俊明, 『仕事がはかどる禅習慣』, マガジンハウス

- BJ・フォッグ, 『習慣超大全——スタンフォード行動デザイン研究所の自分を変える方法』, 須川綾子訳, ダイヤモンド社(BJ 포그 저, 김미정 역, 《습관의 디테일》, 흐름출판, 2020)

- 南直哉, 『禅僧が教える心がラクになる生き方』, アスコム

- 中島輝, 『習慣化は自己肯定感が10割』, Gakken

- 近藤康太郎, 『三行で撃つ〈善く、生きる〉ための文章塾』, CCCメディアハウス

- 高坂庵行, 『よくわかる思考実験』, イースト・プレス

- FUMITO/LICA, 『やることがすべてうまくいく! 太陽の習慣』, 徳間書店

- わび, 『メンタルダウンで地獄を見た元エリート幹部自衛官が語る この世を生き抜く最強の技術』, ダイヤモンド社

- 佐々木典士, 『ぼくたちは習慣で、できている。(増補版)』, 筑摩書房(사사키 후미오 저, 정지영 역, 《나는 습관을 조금 바꾸기로 했다》, 쌤앤파커스, 2019)

- 堀文子, 『99歳、ひとりを生きる。ケタ外れの好奇心で』, 三笠書房

- SHOWKO, 『感性のある人が習慣にしていること』, クロスメディア・パブリッシング(쇼코 저, 오나영 역, 《힙하지 않고 인싸도 아니지만》, 서사원, 2022)

- オリバー・バークマン, 『限りある時間の使い方』, 髙橋璃子訳, かんき出版(올리버 버크먼 저, 이윤진 역, 《4000주》, 21세기북스, 2022)

- ジル・チャン, 『「静かな人」の戦略書——騒がしすぎるこの世界で内向型が静かな力を発揮する法』, 神崎朗子訳, ダイヤモンド社

- 山田竜也, 『神速で稼ぐ独学術』, 技術評論社

- 坂口恭平, 『継続するコツ』, 祥伝社

- 岸見一郎/古賀史健, 『嫌われる勇気　自己啓発の源流「アドラー」の教え』, ダイヤモンド社 (기시미 이치로·고가 후미타케 저, 전경아 역, 《미움받을 용기》, 인플루엔셜, 2014)

- 内野勝行/櫻澤博文/田中奏多/田中伸明/來村昌紀, 『5人の名医が脳神経を徹底的に研究してわかった究極の疲れない脳』, アチーブメント出版

- 木下龍也, 『天才による凡人のための短歌教室』, ナナロク社

- 高妍, 『緑の歌 - 収集群風 - 上·下』, KADOKAWA

- 國分功一郎, 『暇と退屈の倫理学』, 新潮社 (고쿠분 고이치로 저, 최재혁 역, 《인간은 언제부터 지루해했을까?》, 한권의책, 2014)

- 中野ジェームズ修一, 『血管を強くする循環系ストレッチ』, 田畑尚吾監修, サンマーク出版

- 孫泰蔵, 『冒険の書 AI時代のアンラーニング』, あけたらしろめ挿絵, 日経BP (손태장 저, 김은혜 역, 《모험의 서》, 위키북스, 2024)

- 『不思議の国の数学者』(映画パンフレット), クロックワークス(発行·編集)

영화

- 〈어웨이Away〉(2019년 제작, 라트비아, 긴츠 질발로디스 감독)

- 〈별의 목소리ほしのこえ〉(2002년 제작, 일본, 신카이 마코토 감독)

- 〈정크 헤드JUNK HEAD〉(2017년 제작, 일본, 호리 다카히데 감독)

- 〈프리 솔로Free Solo〉(2018년 제작, 미국, 엘리자베스 차이 베사헬리 · 지미 친 감독)

- 〈펄Pearl〉(2022년 제작, 미국, 티 웨스트 감독)

- 〈바빌론Babylon〉(2022년 제작, 미국, 데이미언 셔젤 감독)

- 〈가재가 노래하는 곳Where the Crawdads Sing〉(2022년 제작, 미국, 올리비

아 뉴먼 감독)

- 〈러브 스파이: 바브 앤 스타Barb and Star Go to Vista Del Mar〉(2021년 제작, 미국, 조시 그린바움 감독)

- 〈타르TAR〉(2022년 제작, 미국, 토드 필드 감독)

- 〈메타모르포제의 툇마루メタモルフォーゼの縁側〉(2022년 제작, 일본, 가리야 마 슌스케 감독)

- 〈이상한 나라의 수학자〉(2022년 제작, 한국, 박동훈 감독)

영상

- 마이클 잭슨 춤 영상(「The Evolution of Michael Jackson's Dance - By Ricardo Walker's Crew」 https://www.youtube.com/watch?v=RztUdknG9H4)

저자의 습관을 엿볼 수 있는 블로그와 SNS

- 노트: 글쓰기 모음
  https://note.com/shimpachi88

- 하테나 블로그: 영화 리뷰와 사진
  https://shimpachi.hatenablog.com

- X(구 트위터): 독서 메모
  https://twitter.com/shimpachi

- X(구 트위터): 낫토에 관한 기록
  https://twitter.com/itosamadeth

- 인스타그램: 아침 하늘 사진
  https://www.instagram.com/terahe3/

옮긴이 **지소연**

일본어가 재미있어 일본어 교육을 전공하고 책이 좋아 출판사 편집자가 되었다. 책을 만들
다 원문과 번역문 사이를 누비는 즐거움에 반해 바른번역 글밥아카데미에서 번역을 공부
하고 번역의 길에 들어섰다. 지금은 일본어 전문 번역가로 활동하며 재미있는 책을 기획하
고 있다. 옮긴 책으로는 《컨셉 수업》, 《적당히 잊어버려도 좋은 나이입니다》, 《후회 없는 삶
을 위한 아주 오래된 가르침》, 《팀 워커》 등이 있다.

꾸준함의 기술

1판 1쇄 인쇄 2025년 2월 17일
1판 1쇄 발행 2025년 3월 5일

지은이 이노우에 신파치
옮긴이 지소연

발행인 양원석 **편집장** 차선화 **책임편집** 박시솔
디자인 조윤주, 김미선 **영업마케팅** 윤송, 김지현, 백승원, 이현주, 유민경
해외저작권 임이안, 이은지, 안효주

펴낸 곳 ㈜알에이치코리아
주소 서울시 금천구 가산디지털2로 53, 20층 (가산동, 한라시그마밸리)
편집문의 02-6443-8890   **도서문의** 02-6443-8800
홈페이지 http://rhk.co.kr
등록 2004년 1월 15일 제2-3726호

ISBN 978-89-255-7399-1 (03190)